JN327982

Superior Management Skill of

Defined
Contribution
Plan

自分でやさしく殖やせる

確定拠出年金 最良の運用術

I-Oウェルス・アドバイザーズ
岡本和久 著

日本実業出版社

まえがき

資産運用は本来、簡単なものです。すべての人にとって有用で必要なものですから、決してむずかしいものであってはならないのです。

たとえるなら、スーパーで買い物をする程度の知識があれば十分です。スーパーの売り場でランチを購入するとき、メーカー、カロリー、賞味期限、価格ぐらいは誰でも確認しますね。資産運用も同じで、その程度の知識があれば誰でも、きちんとした成果を上げられるものなのです。

ところが実際には、スーパーで買い物をする程度の知識で簡単に資産運用を行ない、成果を上げている人は少ないようです。その理由は、正しい投資知識の欠如にあると考えています。

私は仕事柄、すでに資産運用をされている方、これから始めてみようと思っている方など、いろいろな個人の方とお話しする機会があるのですが、本当に両極端に分かれます。

片やまったく投資の知識を持ち合わせていない人。こういう方は、資産運用はとてもむずかしいものと思い込んでいて、最初から自分には無理と諦めてしまっています。また、資産運用はお金持ちのするもので、ふつうの人には関係ないと思っている人も多いものです。

もう一方は、マニアックなまでに投資の知識を持っている人。おそらく、資産運用が趣味に近い人なのでしょう。プロでもなかなか知らないことを知っていたりします。

個人金融資産に占める株式・出資金、あるいは投資信託の保有比率から推察するに、日本人の多くは前者に属していると思いますが、これはとても残念なことです。とりわけ、日本では500万人近くの人が「確定拠出年金」という制度に加入し、天引きによって、しかも有利に自分のお金を投資できるにもかかわらず、せっかくの制度を十分に活用していない状況にあることは、とてももったいないことだと思います。

資産運用は本来、簡単です。

これからも長期的、世界的に人口は増加傾向をたどっていきます。これは確実に起こっている事実です。そして人口が増えれば、それだけ経済規模は拡大します。ということは、今後も地球規模で経済は拡大していくことになります。したがって、地球規模の経済成長のためにお金を託せば、お金を殖やすことができます。これが、国際分散投資は有効であるという考え方です。

ここで少し投資経験のある人は、次のようにいうかもしれません。

「でも、リーマン・ショックのときには、世界中の株式も債券も商品もみんな下がりました。どれだけ分散投資しても大損しましたよね。分散投資って効果がないのではないですか」

あるいは、

「分散投資をし過ぎると、一方は値上がりしても、もう一方で値下がりするから、なかなか大きく資産が殖えないのではないですか」

という方もいるでしょう。確かに、こうした意見にも一理あります。

しかし、資産運用の本来の目標リターンは、年20%、30%といった高いリターンを実現することではありません。インフレに勝つのが最低限の目的なのです。もし、これからの日本で年2%の物価上昇率が続くのであれば、資産運用で平均的に年3〜5%程度のリターンが実現できれば、それだけでも目的を達成しているのです。

では、そのリターンを長期的に確保することは可能なのでしょうか。答えは「その可能性は高い」です。なぜなら、世界経済は実質年3%から4%程度で成長しているから、グローバルに資産運用すればお金の価値を殖やす可能性が高いからです。逆にいえば、何もしなければインフレ分だけお金は目減りしていきます。確実に減価するのです。みなさんはどちらを選びますか？

長期的にみれば、株価の上昇は世界の経済成長に収れんしていきます。したがって、世界経済全体に投資するつもりで、各国の株式市場に資金を分散投資すれば、インフレに勝つリターンを実現することは、十分に可能なのです。

また、長期投資に対する疑問を呈する方も多くいます。そういう方はだいたい、「日本の株式市場は20年以上にわたって低迷しているじゃないですか。長期投資はよいというが、それは間違いではありませんか」と言います。

「分散投資もダメ、長期投資もダメ」という議論には説得力があるように聞こえますが、そこには大きな間違いがあります。つまり、分散投資と長期投資は「合わせて一本」なのです。グローバルに分散したポートフォリオを長期で資産運用してこそ効果が出てくるものなのです。

この本では、私が長年にわたって年金運用業務に関わってきたなかで身につけてきた知識や経験を、ふつうに生活している方でも使える形にアレンジした投資や資産運用の方法について解説しました。大まかな要点は**図表**のような流れになっています。少しむずかしい用語が出ていますがご心配なく、これからひとつずつ説明していきます。

まず、①資産運用の目標である「インフレに負けずに購買力を維持すること＋α」を達成するために、確定拠出年金を活用して定年後の資金をきちんと手配しておくことについて触れます。そして、②確定拠出年金の運用を含めた資産運用の基本について、分散投資やアセット・アロケーション（資産配分）の重要性を中心に解説しました。さらに、③非課税制度を利用して確実に収益力をアップするためのアセット・ロケーションの活用法について解説し、最後に、④もう一段、収益力をアップさせる方法として積立投資の手法について、わかりやすく解説し

図表 ◎「人生を通じての資産運用」に成功するための3つのポイント

◎「収益目標=購買力の維持+α」のポイント

正しい資産配分比率 ……▶ アセット・アロケーション

全世界の株式インデックス ……▶ 購買力の維持+成長（アルファ）

物価連動国債（投信）……▶ 購買力の維持

◎「確実に収益率をアップする」ポイント

非課税制度の活用 ……▶ アセット・ロケーション

◎「さらに収益率をアップする」ポイント

積立方法の工夫 ……▶ バリュー平均法

ています。積立投資の手法については、ドルコスト平均法に加えて、日本ではあまり知られていない最強の手法であるバリュー平均法を紹介します。

ここに書いたことは、誰もが簡単に行なうことができます。そして、これらを用いて長期で資産を運用すれば、リターン向上の効果が十分に見込めるでしょう。

本書を手にとっていただいた多くの方が、合理的で正しい考え方に基づいて資産運用を行ない、成果を上げることができるようになれば、これに勝る喜びはありません。

二〇一四年五月

岡本　和久

自分でやさしく殖やせる「確定拠出年金」最良の運用術　目次

まえがき

Contents

序章

「給料天引きで投資」している確定拠出年金をきちんと活用しないと損！

第1章 そもそも確定拠出年金（企業型、個人型）ってどういうものなの？

第2章 確定拠出年金を自分で運用し始める前に知っておきたい「投資の基本」

Contents

第3章

確定拠出年金で何をどういう割合で買ったらよいのか？

第4章

アセット・ロケーションのなかに確定拠出年金をうまく配置しよう

Contents

第6章

「投資方針書」に沿った計画的な資産運用で着実にお金を殖やそう！

装丁・ＤＴＰ／村上顕一

Superior Management Skill of

Defined
Contribution
Plan

序章

「給料天引きで投資」している
確定拠出年金を
きちんと活用しないと損！

Section 0-1

「将来の自分を支えるのはいまの自分しかない」時代になった

日本人の多くは投資をしていないが……

いま日本人の多くは「投資をしていない」ことでしょう。いや、正確にいえば、いろいろな形で投資はしているのですが、「していない」と思っているのです。みなさんが毎月支払っている年金の資産にしても株式を保有していますし、みなさんがいちばん安全だと思っている銀行預金もみなさんが預けた資金で大量の国債を保有しています。投資は決してみなさんと無縁のものではないのです。しかし、日本人の多くは、将来のためのお金の準備は、「預貯金にずっとお金を置いておけば、自然と利息が付いて、知らぬ間に財産が殖えている」というイメージをもっているのです。だから、月々の給料や年2回のボーナスで余ったお金を、せっせと預貯金に預けてきたのです。

日本銀行の「資金循環統計」によると、2013年9月末時点の個人金融資産は、総額で1598兆円。このうち「現預金」の占める比率は53・5％の856兆円です（**図表0－1**）。その次に多いのが「保険・年金準備金」の27・3％で、こちらの総額は437兆円。この2つだけで全体の80％以上を占める計算になります。

では、投資はどうなのかというと、「株式・出資金」が135兆円で8・5％。債券はわずか1・9％、「投資信託」は75兆円で、全体に占める割合は、たったの4・7％に過ぎません。

これを諸外国と比較してみると、その差は歴然たるものがあります。アメリカ

図表 0-1 ● 日本の金融資産の内訳
——現預金の割合が半分以上

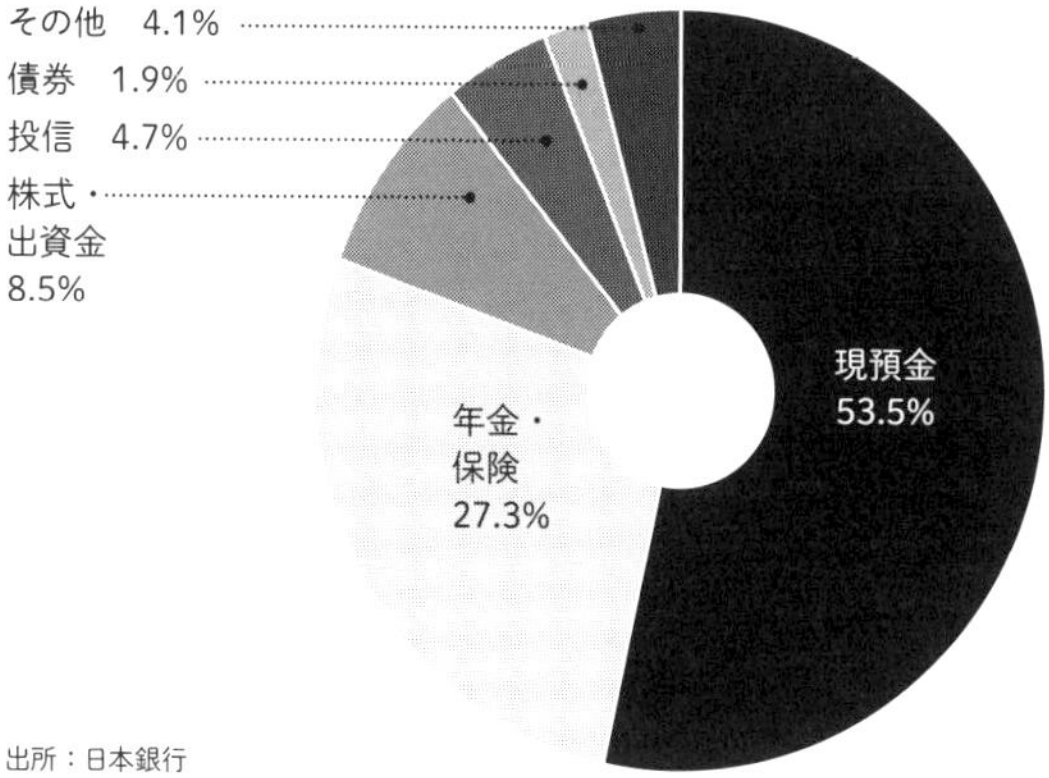

出所：日本銀行

の場合（2013年3月）、現金・預金は14・0％、株式・出資金が33・7％、投資信託が11・9％となっています。また、ユーロエリア（2012年12月）では現金・預金が35・8％、株式・出資金が15・2％、投資信託が7・2％といった具合です。

「アベノミクス」という言葉が2013年の流行語大賞にノミネートされ、ニュースでも株価の値上がりが頻繁に報道されているのに、1598兆円もの個人金融資産のうち、投資に関連する金融商品に回っているお金の割合は、15％ほどなのです。

この事実をみると、私はとてももったいないし、危ういことだと思います。

なぜなら、すでに「将来の自分を支えるのはいまの自分しかいない」という時代が到来しているからです。端的にいえば、自分の将来に必要なお金は自分で用意しておかなければならないということです。そのためには、預貯金で「貯める」のではなく、もう少し積極的に投資によって「殖やす」ことを考える必要があります。

日本人の多くの人が「貯める」ことを「殖やす」ことだと誤解しています。「貯める」というのはつかわないで取っておくこと。貯金箱に今月1万円を入れ、また翌月1万円を入れれば2万円になりますが、それは貯まっているだけです。一方、「殖やす」とは育てるということ。つまり、1万円が1万1000円になり、1万2000円になり、2万円になるというようにだんだん大きくなることです。そのためにはお金にも働いてもらわなければなりません。そして成長には時間がかかります。時間を上手に活用する手段が「人生を通じての資産運用」です。

人生のなかでミドルというのは金銭的にいちばんつらい時期です。まず、日々の生活費がかかります。子どもがいれば養育費、教育費がかかり、住宅費も大きな負担になります。そのうえで将来のために資金を準備しておかなければなりません。相当の高給取りであれば余裕でやっていけるでしょうが、ふつうの生活者はそうもいきません。そこでお金を殖やすことが必要になるのです。

「投資は怖い」という反応を示す方が多いのですが、私にいわせれば将来のための資金を殖やしていないことのほうがよっぽど怖いのです。もちろん、金融資産の全部を株にする必要もないし、するべきではありません。まずは準備運動として全体の1割ぐらいを本書で解説するような方法で始めてみてはいかがでしょうか。株式は1年間という短い期間では倍にも半分にもなりえるものです。しかし、全体の1割だけを株式にしておくのであれば、半値になったとしても全体が5%目減りするだけです。そして、長期で保有していれば、いつの間にか倍になることもあります。準備運動によって少しずつ慣れてきたら、本格的な資産運用の部分を増やしていけばよいのです。

将来のための資金の特徴は「つかうまでにまだ時間がある」ことです。ですから、時間を味方につけて資産を運用していくことができます。将来の自分を支えてくれるのは、他の人たちでも国でも企業でもありません。いまの自分です。それがいまという時代の現実です。大切なことはまず第一歩を踏み出すことです。

社会保障制度はどんどん削減されていく

なぜ「将来の自分を支えるのはいまの自分しかない」という時代がくるのでしょうか。2つの点から説明できます。

まず、高齢者1人を支える現役世代が減少するということです。**図表0－2**をご覧ください。たとえば、現在、40歳の方が1歳だった1975年には65歳以上の方1人に対し、20歳から64歳の方が7・65人いました。それが現在は2・09人に減少しています。そして、66歳のときには1・39人になると予想されています。そんな予想は杞憂だと思う方もいるかもしれません。しかし、人口統計は非常に当たる確率が高いのです。なぜなら、将来の高齢者はすでに生まれているからです。まさに、高齢化は「すでに起こった未来」なのです。

おそらく、このような状況で、いま以上に現役世代に負担増を強いるような政策＝社会保障制度が継続されるかといえば、ふつうに考えて無理でしょう。そこに至る前に、年金など社会保障制度の削減が行なわれるはずです。就業世代の負担を無制限に増やせない以上、将来設計を考えるのであれば、年金の支給時期は先送りされ、その金額は少なくなることを前提に考えるべきです。

次は、人口そのものが減少することです。

国立社会保障・人口問題研究所のデータによると、日本の総人口は２０１０年にピークを付けています。このときの人口が１億２８０６万人。それが減少傾向

図表 0-2 「65歳以上の人」を「20〜64歳の人」何人で支えているか？
――「若い人」に頼れないのは明白

2014年の年齢	1歳だったとき		2015年	66歳になるとき	
20歳	1995年	4.30	2.09	2060年	1.19
30歳	1985年	5.90		2050年	1.23
40歳	1975年	7.65		2040年	1.39
50歳	1965年	9.07		2030年	1.70
60歳	1955年	9.71		2020年	1.88

をたどっており、2013年時点では1億2725万人になりました。人口減少の動きは今後も続き、2045年には1億211万人。2060年には1億人を切り、8974万人になるとされています（出生中位推計による）。

人口が減少するということは、それだけ経済の規模が縮小することを意味します。しかも、ありがたいことに日本は豊かになっています。いろいろな物がすでに満ち溢れています。つまり、成熟経済化しているのです。その結果、かつてあったように50年代の三種の神器（白黒テレビ、電気洗濯機、電気冷蔵庫）や60年代の3C（カー、クーラー、カラーテレビ）のような消費ブームが再燃するのはむずかしそうです。したがって、これまでのように「時間がたてばいまよりも豊かになる」「全体が豊かになれば何事もそのうち解決する」ことは期待できません。つまり、「いずれ何とかなる」ことはありえないということです。

政府が「インフレ推進」に舵を切った

さらに、投資が不可欠になる背景として、「マイルド・インフレの時代がくる」のではないか、ということがあります。

日本の財政が非常に大変な状況にあることは、聞いたことがあるでしょう。国債とはいうまでもなく国の借金です。その額が985兆円にも上っているわけですが、この巨額の債務を削減するには、①税収を増やす、②インフレにする、のいずれかにならざるをえません。

現状では発行された国債の大部分は国内の豊富な資金でまかなわれています。海外投資家による日本国債の保有比率が8・3%（2013年12月末）のみであるという点から考えても、いますぐに海外資金に大きく依存する可能性は少ないでしょう。しかし、債務というものは雪だるま式で増えるものです。すでに発行済国債の金利や元本の返済のために大量の国債を発行しなければならない状態にあります。ですから、財政再建が行なわれれば、いつかは海外投資家に頼らざるをえなくなっていることは明らかです。つまり、国の財政健全化は日本にとって避けて通ることができない課題であることは間違いありません。

1番目の「税収を増やす」については、景気が好転し税収が増えてくれれば理想的です。しかし、高齢化に伴う社会保障費などの増加を考えると、家計の税負担はこれから増えざるをえないでしょう。2014年4月から、消費税率が5%から8%に引き上げられたのはご存知のとおりです。また、2番目の「インフレにする」についても、2015年までに消費者物価指数が2%上昇するというインフレターゲットが設定されました。

インフレにするとどうして政府の借金の負担が軽くなるのかといえば、「お金の額面の価値が下がるため、過去の借金の負担の重さも相対的に下がる」という理屈です。ちなみに、この反対がデフレです。デフレの状況下では、時間の経過によってお金の額面の価値が増えていきますから、何もせずに銀行預金をしているだけでよかったわけです。そういう意味では、インフレ的な状況下では借金をして投資などをする意向が高まりやすくなり、デフレ的な状況下では借金や投資などに抑制的になります。

現状、日本政府がインフレターゲットを設定した理由としては、「健全な経済成長のために必要だから」とされ、「過去の借金を実質的に減らすため」とは喧伝されていませんが、マイルドなインフレ傾向は政府にとって最大の悩みのひとつである財政赤字の問題を解決する手段でもあるのです。

国策がそうなった以上、やはり積極的に資産を殖やす方法を考える必要があります。後述しますが、インフレが進み始めても、異次元の金融緩和が続き、金利はそれほど上昇しないでしょう。そうすると預貯金のみで資産を運用したら、どんどん資産価値は目減りしてしまう恐れがあるのです。

よくメディアで「国の借金は国民1人当たり○○円の『借金』に相当する」という表現をします。しかし、これは大きな誤解を生みます。国の借金は政府の借金です。そのお金の大部分を貸しているのは民間部門です。正しい表現は「国民は1人当たり○○円を政府に貸している」というべきです。

中国には「上に政策あれば下に対策あり」ということわざがあります。「上」とか「下」という表現には抵抗がありますが、われわれも「行政に政策あれば民間に対策あり」ぐらいのしぶとさは必要なのではないでしょうか。

インフレ対策は不可欠

ちなみに、インフレ政策を続けていくと、日本経済がハイパーインフレになってしまうのではないかという意見がありますが、その可能性は少ないでしょう。ハイパーインフレというのは、それこそ物価が1年で100%も上昇してしまうような事態を指しています。現状、そこまで極端なインフレになる恐れはないと思います。私は、これはたんに〝恐慌本〟の類の「煽り」だと思っています。

なぜなら、これまでに起きたさまざまな金融通貨危機は、海外投資家が資金を引き揚げたために起こるケースが大半だからです。その点、発行されている日本国債の大部分は、日本国民が保有しているため、海外投資家に保有されているのに比べれば安心できます。

ただし、ひとつ注意しなければならないのは、国の借金が減る反面で、直接あるいは預貯金、保険、年金を通じて投資されている日本国債の価値が大幅に減額されてしまうリスクがある、ということです。

「国債なんて買ってないから大丈夫」と思っている人がいるかもしれません。なぜなら、日本国民が国債の大半を保有しているとはいえ、個人が直接、日本国債を購入しているケースは少ないからです。日銀の資金循環統計によると、2013年12月時点における日本国債等の発行残高は985兆円で、このうち家計が保有しているのは21兆円。全体に占める比率はたったの2・2%に過ぎません。

しかし、だからといって安心するのは間違いです。日本国債のほとんどは日本人が保有しているということは、個人が直接保有している部分は少なく、銀行などの金融機関や保険会社、年金などを通じて保有しているものが大部分だという意味です。個人が銀行に預けている預金、加入している保険の保険料、年金の掛け金などが、国債の購入に充てられているのです。そして、これらはすべてみなさんの金融資産の一部なのです。

したがって、インフレ的にするということは、国の借金の価値を減らす一方で、こうした個人の資産の価値を減らすことにもなります。財政再建に向けて、景気が回復し、税収が増加するというのはベストシナリオです。しかし、増税＋マイルド・インフレというシナリオも現実に進行しています。国債が国内で消化されているのはよいことですが、これは反面で、財政再建に伴って国内の民間部門が負担を強いられるということでもあるのです。

その意味でも、自分の将来は自分で守る＝将来のための資金は自分で用意しておく、という意識が不可欠なのです。

Section 0-2

日本の株価はイマイチだったが世界的な投資環境は非常に良好

増え続けている世界の人口

「将来のための資金は自分で用意しておく」といっても、国内的にみると、超高齢社会の到来、人口減少など、厳しい側面ばかりが目について、投資や運用どころの話ではないじゃないかと心配する人がいるかもしれません。

しかし、長期的・世界的に状況を俯瞰すると、投資環境は悪くないといってもよいでしょう。

まず世界的にみれば人口が増加傾向にあること。前述したように、日本の人口はこれから減少の一途をたどると予想されていますが、世界的には人口がますます増加していきます。

２０１１年の世界の人口は70億人に達しました。２０５０年には、これが95・5億人になり、２１００年には１０９億人になるといわれています（国立社会保障・人口問題研究所）。とりわけ、アフリカの人口増加は目覚ましく、２０１０年は10億人の人口が、２０５０年には24億人、２１００年には42億人というように、急速に増えていきます。

新興国・地域は人口増に加え、グローバル経済のなかに組み込まれることによって、彼らの経済成長につながり、生活水準は向上していくでしょう。これは、グローバル企業にとっては魅力的なマーケットが生まれ、企業が成長するチャンスが増えることを意味します。

また、グローバル化の進展に伴って、世界中で道路や鉄道、港湾、空港など、情報や物流、人的交流といったネットワークを支える膨大なインフラ投資も必要になってきています。

加えて、科学や技術というものは進歩を止めません。これまでもそうであったように、これからもさまざまな新技術が台頭してくるでしょう。エネルギー、環境、ライフサイエンス、情報技術など、その分野は多岐にわたるはずです。これらが一体となり、世界経済は長期的、地球規模的に成長していくと思われます。

もちろん、経済情勢とりわけマーケット環境は日々刻々と変化していますから、ときには悲観的な見通しが語られ、波乱に見舞われることもあるでしょう。しかし、それはあくまでも目先の動きについてであって、20年後、30年後をイメージすると、やはり世界的な人口の増加を受けて、経済は一段と発展していくことになるでしょう。ですから、きちんと考えられた投資というものは報われる可能性が高いのです。

後述しますが、人生を通じての資産運用ではよいときも悪いときも資産を積み立てていきます。悪い時期が長く続くというのは、それだけ安く多くの資産を保有できるということです。有価証券は「価値」があるから有価証券なのです。「価格」は短期的、中期的には大きく変動しますが、最終的には有価証券の価格はその価値に収れんしていきます。グローバルに分散したポートフォリオを持っていれば、一時的には悪い時期があっても長期的にはその価値に価格が収れんしていきます。そう考えれば、マーケットが悪いときが長いほど、ありがたいと考えることができます。

インフレ経済は投資向き

先ほども述べたように、日本の経済環境も大きく変化しました。この20年以上にわたって続いてきたデフレ経済基調から脱し、再び成長を志向したインフレ経済基調に転換しようとしているのです。

安倍政権は、2015年までに消費者物価指数が安定的に前年比で2％上昇する、緩やかなインフレ目標値を設定しました。2014年1月の消費者物価指数は、「生鮮食品を除く総合」が前年同月比で1・3％の上昇となりました。ちなみに消費者物価指数が対前年同月比で1％超の上昇となったのは、5年ぶりのことです。いずれにしても物価を取り巻く環境が変わったのは、間違いないところです。デフレからマイルドなインフレへというパラダイムチェンジはすでに始まっているのです。

マイルドなインフレであったとしても、長い目でみたとき、資産価値に及ぼす影響は決して小さくはありません。アベノミクスが目標としている年2％の物価上昇が実現し、その水準が長期にわたって続いた場合をイメージしてみてください。毎年2％、物価が上昇するということは、10年で22％、20年なら48％も物価が上昇することを意味します。

さて、ここでクイズです。次の二択のうち投資で成功といえるのはどちらでしょうか。

過去5年、景気が非常によく、10％のインフレで資産が8％増加した

過去5年、景気が悪く、物価が10％下がるなかで資産が8％減少した

正解は②です。ここからもわかるように、資産運用の最低限の目標は、いかにして「購買力を維持」できるかということに尽きます。デフレ経済のもとでは、資産運用の成果がマイナスであったとしても、物価がそれ以上のペースで下がっていれば、むしろ購買力は高まったと考えられます。

しかし、これがインフレになると話は大きく違ってきます。インフレ経済のもとで購買力を維持するためには、少なくとも物価上昇率並みのリターンを実現させなければなりません。①のように年8％のリターンを資産運用で実現できたとしても、物価が10％も上昇してしまっては、逆に購買力は低下してしまうのです。

したがって、これからは購買力をいかに維持するかということを、しっかりと考えていく必要があります。しかもそれは、お金をたくさん持っている一部の人だけ、という話ではなく、日本で生活している誰にでも当てはまることなのです。「投資によって購買力を維持する」ことは、日本に住んでいる誰もが真剣に考える必要のある生活防衛術といってもよいでしょう。

購買力を維持するためには2つの方法があります。第一の方法は、今後、人生で必要とされるあらゆる物資をいますべて購入し、それを倉庫に保管しておくことです。しかし、これが不可能であることは明白です。第二の方法は、今後、人生で必要とされる財やサービスを提供してくれる生産設備を保有することです。

株式を保有するということは企業のオーナーとなることです。これは企業の生産設備を保有することにほかなりません。ですから、われわれの生活を支えてくれる世界中の産業・企業の株式を保有しておけば、われわれの生活に必要とされる財やサービスが値上がりしても、その分、保有している企業の価値が増加することになります。株式投資が人生を通じての資産運用の目的のうち、「購買力の維持」に有効である理由がここにあります。

図表0－3のように株主の保有する価値の推移をあらわす線を「バリューライン」といいます。株価は企業の実体価値

図表 0-3 ● 長期的にみた株価の動きは?
——企業のバリューラインを中心にして推移する

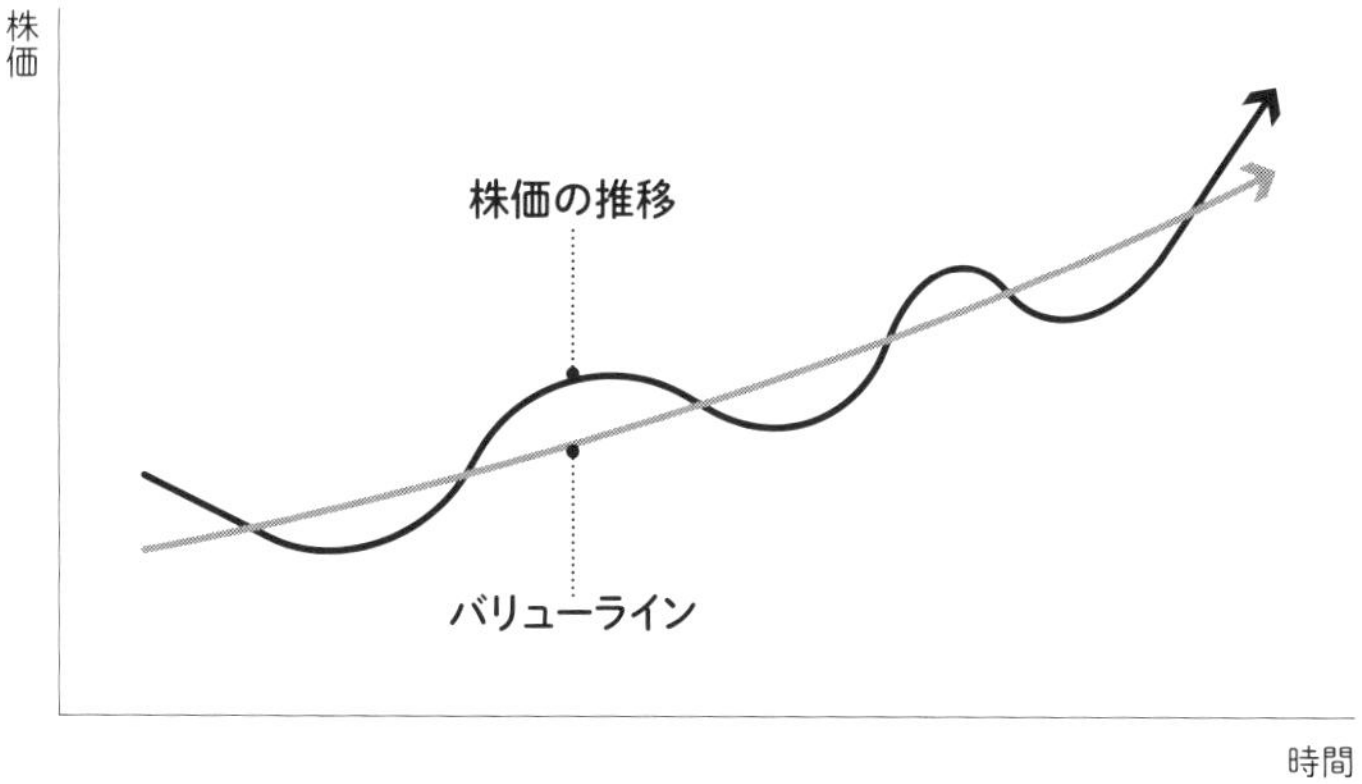

を中心として、短期的には上にも下にも大きく変動をします。しかし、長期的にみれば、企業のバリューラインを中心として大きく変動しているのです。したがって、バリューラインが持続的に上昇していけば、株価は長期的にはその線に沿って上昇していきます。

幅広い企業群を保有していればその傾向はより安定します。人生を通じての資産運用は当然、長期ですから、世界中の主要な企業をすべて保有すれば長期的には物価上昇に対する備えにはなります。ここに株式投資の原則である「長期投資」と「分散投資」が重要である理由があります。

Section 0-3

いちばん有利な「運用の器」は確定拠出年金だ

実はすでに多くの人が投資をしている

ということで、誰もが投資について真剣に考えなければならない時代が到来しているわけですが、実際に投資を始めようとしても、なかなか重い腰が上がらない人も多いと思います。

いままで銀行にお金を預けるだけだったという人にとっては、証券会社に口座を開くこと自体が、とても面倒なことのように思えてくるでしょう。店頭に行けば、まったく理解できないような投資商品を勧めてくるし、やたらカタカナやアルファベット、数字が出てくる。なかには元本を大きく割り込んだ投資信託もあると聞けば、二の足を踏んでしまうのも理解できます。

しかし、実はすでに多くの人がすぐにでも投資を始められる状態にあるのです。

「確定拠出年金」という制度を聞いたことはあるでしょう。別名、DC（Defined Contribution）とか、DCプラン、あるいは私は好きな呼び方ではありませんが、日本版401kともいわれています。日本では2001年から導入されていますから、ここ10年くらいのあいだに企業年金のしくみが大きく変更されたという会社に勤めている方は、おそらく確定拠出年金に加入しているのではないかと思います。

ところが、「何だかよくしくみがわからない」「大事な退職後のお金をリスクに晒《さら》すわけにはいかない」といった理由を付けて、この制度を十二分に活用できていない人が大半だといわれています。

これは非常にもったいない話だと思います。本書では、確定拠出年金のしくみ、メリット、活用法について詳述しますが、この制度をきちんと使いこなすことができれば、将来のためのお金を用意するのに非常に有効ですし、後述する「脳トレ投資」の練習にもなります。投資は世の中で起こるすべてのことに関連しています。資産運用をしていると世界中の出来事にも興味がわくようになり、知的刺激を受けて老化を防止するためにも最適な行動だと思います。

2014年はNISA（少額投資非課税制度）がスタートした年ということもあり、世間ではＮＩＳＡに対する関心が高まっていますが、実は税制メリットという点で比べれば、ＮＩＳＡよりも確定拠出年金のほうが有利な側面がたくさんあります。

また、確定拠出年金は従業員が自分で運用するものですから、導入している企業の多くは、従業員向けの投資教育カリキュラムを行なっています。投資に関する知識が身に付くのと同時に、税制メリットがあり、かつ資産を殖やすための具体的なしくみまで提供してくれる、これに勝る資産運用法はなかなかありません。いまこそ確定拠出年金を見直して、資産形成に活用すべきときなのです。

思い立ったらすぐに行動すればOK

とはいえ、実際に投資を始める場合、とくに初心者になるほど、いつから始めればよいのか悩むものです。

２０１３年末にかけて、日経平均株価は年初来高値を目指す動きを見せました。年末にかけて８日連騰です。このような動きをみると、経済ニュースが気になる反面、「もう高くなったから……」といって、なかなか投資に踏み切れないのが現実でしょう。

逆に何かの経済情勢を材料にして、マーケットがもたつくときもあります。2014年始めからは一転して、世界中のマーケットが不安定になり、日経平均株価も下落に転じました。このように株価が下落すればしたで、「もっと下落するのではないか」と心配になって投資に踏み切れない人も出てくるでしょう。

つまり、その時々の相場の動きを気にしていたら、いつまでたってもちょうどいいと思えるタイミングはきません。ですから、「これから長期的にみて投資が必要だ」と思うのであれば、いつ始めてもいいのです。それも「一発勝負で狙い撃ち」をするのでなく、「幅広い分野に分散したポートフォリオをコツコツと時間をかけて積み立てていく」というスタンスでよいのです。

日本で確定拠出年金がスタートしたのは2001年のことで、2003年から2007年にかけて、途中ライブドアショックなどもありましたが、株価は比較的好調でした。しかし、2007年以降はサブプライム・ショックやリーマン・ショックなどの金融ショックが相次いだことで、とくに日本の株価は大きく低迷しました。一説によると、現状、日本株に投資している確定拠出年金加入者の多くにとって、日経平均1万6000円ぐらいが損益分岐点であるという話がありますが、その間の相場の動きをみると、あながちはずれてはいないような気がします。

投資をする人の心理からすると、含み益になっていればうれしくて興味が増し、含み損になっていれば、関心をもたない、むしろ積極的に忘れようとする傾向があるでしょう。したがって、これから先、日経平均が1万6000円を上回って推移するようになれば、多くの人が、自分が加入している確定拠出年金をどうするかということに興味がわいてくるのかもしれません。一方、相場が低迷していくと、確定拠出年金をどうするかということから目を背け、関心は高まってこないかもしれません。事実、現状ではまだ、個人型、企業型を問わず、確定拠出年金を通じて集められている掛け金の多くが、とくに何の意図もなく預貯金で運用されているというデータもあります。

しかし、すでに長らく続いたデフレからマイルドなインフレへと、相場環境が変化する状況が垣間見えています。そうしたなかでは、理にかなった運用をするかどうかによって、将来、大きな差が出る可能性が大きいのです。ですから、相場の動きに一喜一憂することなく、自分の将来へのきちんとした目的意識を持って、確定拠出年金を自らの手で上手に運用していくことは非常に大切になるでしょう。

Superior Management Skill of

Defined Contribution Plan

第1章

そもそも確定拠出年金（企業型、個人型）ってどういうものなの？

Section 1-1

日本の年金制度はどんなしくみになっているの?

国民年金がベース

「年金」なんて自分にとってはまだまだ先の話。給与明細で何となく天引きされていることは知っているけれども、それがどうなるのか、現実問題としてよくわからない。でも、自分の将来については不安が一杯なので、何かしなければいけないとは常日頃から考えている——。

そういう方は、多いことでしょう。

さて、ここで出てきた「年金」。自分の老後を支える大事な資金であるはずですが、多くの人は、そのしくみをほとんど理解していません。なかには、自分がどの年金に加入しているのかさえわかっていない方がいらっしゃいます。確かに、多くの方が将来の生活資金を意識し始めるのは、自分が退職する10年ほど前くらいからでしょう。ですから、まだ20代、30代、40代の方にとっては、他の楽しいこと、忙しいことに目が行き、年金にあまり関心が向かないのは、当然のことかもしれません。

しかし、その時は必ずやってきます。退職をしても生活費はかかります。国や企業には面倒をみてくれる力はなくなってきています。ですから、将来の自分を支えるのはいまの自分なのです。そのためにも、若いうちから、少なくとも自分が加入している年金制度についての最低限の知識は、身に付けておくべきです。そうでないと、自分がその時を迎えるまでに、金銭面で何が足りないのかということが把握できず、高齢になってから後悔することになります。

では、簡単に年金のしくみを説明しておきましょう（次ジペー図表1－1）。

「国民年金」という言葉をご存じだと思います。国民年金は日本国民全員を対象にした年金制度で、20歳になったらみな、加入する義務があります。すべての国民にとって基礎となる年金なので、国民年金のことを「基礎年金」と呼ぶこともあります。

近年、国民年金に加入しない若者が増えています。「国民年金に加入しても、将来、もらえるかどうかわからないし……」というのがその理由だとも聞きますが、それは大きな誤解です。少なくとも、国民年金がこの数十年間で破綻するようなことはありません。も

図表1-1 ● 公的年金制度と運用のしくみ

本書のメインテーマはこの部分について「最良の運用術」を解説することです

投資商品	元本確保商品 （預金保険制度などの保護あり）	一般の運用商品	単一の銘柄による運用商品
	預貯金、金融債、 金銭信託、貸付信託、 国債、地方債、政府保証債、 利率保証型積立生命保険（生保） 積立傷害保険（損保） 定期年金保険（簡保）	株式投信 公社債投信 外国公共債 外貨預金 変額保険（生保） など	個別企業の 株式、社債

運用管理機関はここから「3つ以上の商品」を選定し、選択肢として加入者に提示。このうち1つ以上は元本確保商品とする

加入者に提示する「3つ以上の商品」には含まれない

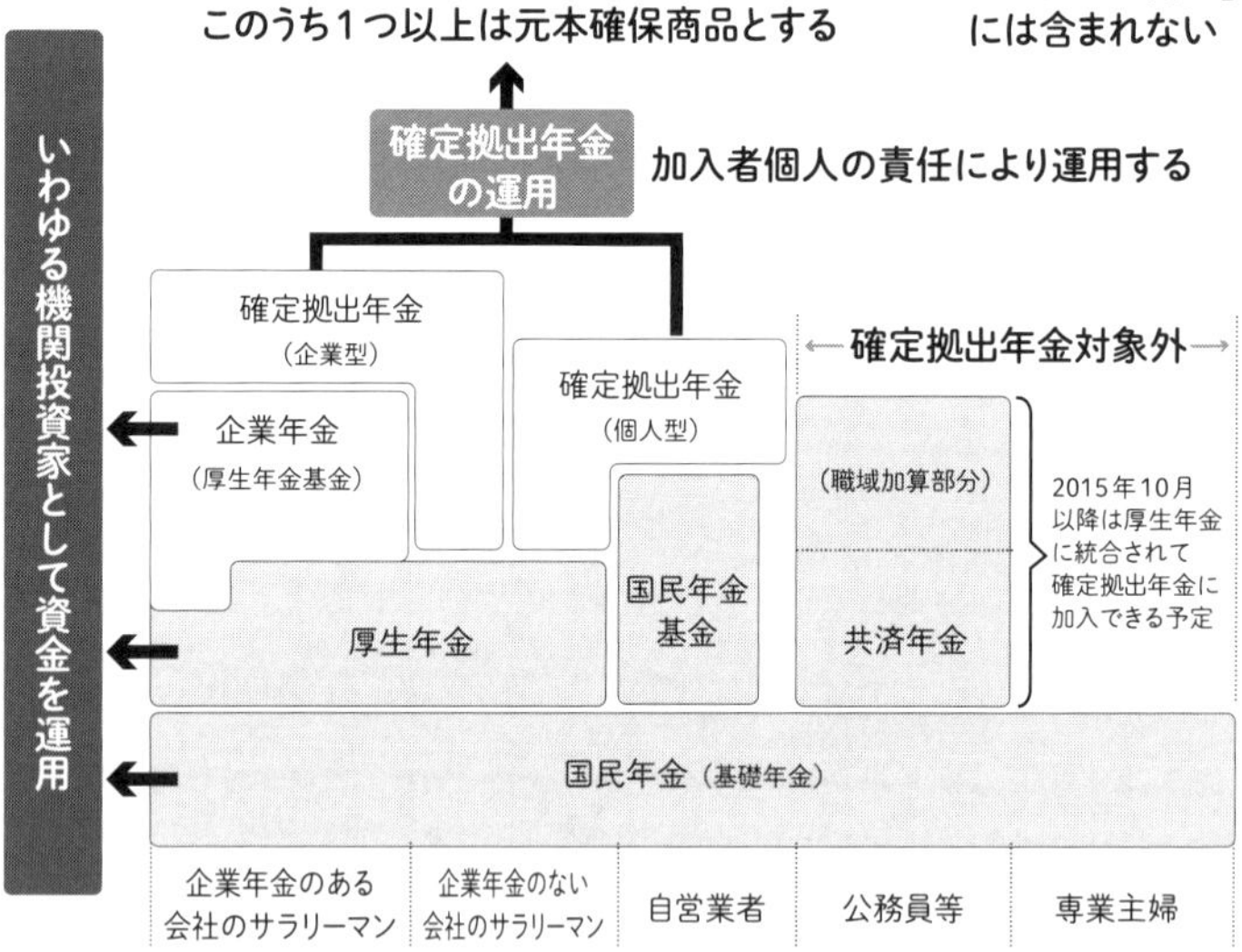

ちろん、いま国民年金を受け取っている高齢者の方に比べれば、受け取ることのできる金額は少なくなるかもしれませんが、それでもゼロになることはありません。加入しておいて損をすることはないのです。

ただ、現在でも、国民年金で受け取れる金額というのは、実はそれほど大きなものではありません。月額平均で5万円程度です。これでは、とても年金のみで生活を維持するのは困難でしょう。だから、そこに「上乗せする年金」（＝2階部分）が必要になってくるのです。

その上乗せ部分には「厚生年金」「国民年金基金」「共済年金」があります。

厚生年金は、民間企業に勤める会社員に適用される公的年金制度のことで、自営業者は対象外です。自営業者の場合、国民年金に加えて、上乗せ部分は国民年金基金のみになります。

また、国家公務員や地方公務員、私立学校教員については、従来、厚生年金ではなく共済年金が国民年金の上乗せ部分を担ってきましたが、２０１５年10月から共済年金は厚生年金に統合されます。多少、時間のズレはありますが、受給額や掛け金の額も厚生年金の料率に統一されます。

そして、厚生年金加入者の場合、さらに3階部分に「企業年金」が加算されるケースがあります。「加算されるケースがある」というのは、企業年金という制度を設けていない企業もあるからです。ちなみに企業年金というのは、たとえば「厚生年金基金」や「確定給付企業年金」と呼ばれているものです。

さて、以上の点を踏まえたうえで簡単に整理すると、私たちは次のような年金を受け取ることができます。

- **自営業者＝国民年金**（基礎年金）**＋国民年金基金**
- **会社員**（企業年金なし）**・公務員など＝国民年金＋厚生年金**（または共済年金）
- **会社員**（企業年金あり）**・公務員など＝国民年金＋厚生年金**（または共済年金）**＋企業年金**

国民年金と厚生年金は、基本的に国の年金制度ですが、これに企業などが独自に行なっている企業年金制度が加わることによって、企業年金制度を設けている企業に勤務している人たちは、国民年金（1階）をベースに、厚生年金（2階）と企業年金（3階）を上乗せした3階建ての年金を受給できるようになります。

確定給付年金と確定拠出年金の違い

3階部分の企業年金というのは、企業が独自に運営している年金のことです。企業が「基金」を立ち上げ、そこが生命保険会社や信託銀行、投資顧問会社と契約して年金原資の運用を行なう形が一般的です。

こうした基金のなかに、「厚生年金基金」があります。厚生年金という名前が付いているので、国が運営する公的年金と勘違いしやすいのですが、厚生年金基金は企業年金の一形態で、厚生年金からの委託を受け、厚生年金の運営の一部を肩代わりしているものをいいます。

これらの年金は将来の給付額が決まっており、これを「確定給付年金」といいます。これとは別に「確定拠出年金」という制度があります。確定給付年金と確定拠出年金の違いは以下のようなものです。

●年金の給付額が決まっており、その額を賄うのに必要な掛け金の額を計算して拠出する

もの＝確定給付年金

●年金の掛け金（拠出金）が確定しているが、将来受け取る年金の給付額は運用実績に応じて変動するもの＝確定拠出年金

要するに確定給付年金というのは、会社が将来あなたに払ってくれる年金の金額が決まっている制度、確定拠出年金は、いま会社があなたに決まった額を払ってくれて、あなた自身がそれを運用する制度です。

そして、時代の趨勢《すうせい》として、確定給付年金から確定拠出年金へという変化が世界の主要国で起こっています。日本も例外ではありません。

かつては「よくわからないけどとにかく給料から天引きされて、退職したら自然にもらえるもの」と思っていた年金が、いまは「自分で運用をして、その成果で生活する」時代になってきているのです。そのいちばん現実的な姿が確定拠出年金だといえるでしょう。

確定拠出年金というのは、加入者の毎月の拠出金が確定しているだけで、将来の給付額は確定しておらず、自らの運用次第で給付額が上下するのです。つまり、個々人、一人ひとりの運用の巧拙によって給付額が異なってくるわけですから、年金加入者であるみなさんが運用のリスクを負っていることになります。自分で運用対象を選び、自分の拠出金を

運用するのです。運用の仕方がうまくいかなくてリターンが下がれば、それだけ将来、給付される年金の額も少なくなります。

これに対して確定給付年金は、運用期間中のリターンがよかろうと悪かろうと、将来の年金給付額は変わりません。

確定給付年金と確定拠出年金はどちらがよい?

さて、確定給付年金と確定拠出年金、どちらがよいですか?「どんなに運用環境が悪くても年金給付額が変わらないのだから、確定給付年金のほうが有利」と思う方も多いでしょう。

確かに、確定拠出年金の運用で生じた損失は、加入者自身が負うことになるので、不安になります。では、確定給付年金で生じた損失は、誰も負わなくてよいのでしょうか。そんなことはありません。結局、確定給付年金で生じた損失分は、企業が負う形になります。

確定給付年金は、将来の給付額を賄うのに必要な利回り(予定利率)を確定させて運用するわけですが、実際の運用利回りが常に予定利率とぴったり同じで運用できることはありません。投資がうまくいかなければ、実際の運用利回りが予定利率を下回ることもあります。このように、実際の運用利回りが予定利率に満たなかったときは、その差額を企業が穴埋めするのです。

では、「会社が穴埋めしてくれるなら安心」なのでしょうか。企業が穴埋めするということは、年金運用のマイナス分が着実に企業の業績にとってマイナスになることを意味します。回り回って、みなさんのお給料に反映されるかもしれませんし、何よりも年金運用のマイナス分を補てんするために、会社の経営が大きく傾いてしまうとしたら、それこそ本末転倒です。

そんなバカなと思うかもしれません。しかし、とくに従業員の平均年齢が高い企業などは、すでに会社が将来、支払わなければならない年金額（年金債務）が年金の積立額を大きく上回り、隠れ債務になっているケースが少なくないのです。この積立不足によって年金基金が解散というケースもあります。年金基金が解散すると、予定されていた上積み部分がもらえなくなるなどしますから、結局、加入者は運用に関して少なからぬリスクを負っているのです。

また確定給付年金は、運用の透明性という点でも疑問が残ります。たとえば２０１２年のＡＩＪ投資顧問が70億円にも上る年金資金を詐取した事件などをはじめ、年金基金に絡んだ事件が頻発しました。

ある意味、積立不足という深刻な状況があるから、少々マユツバでも高いリターンに目がくらみ、怪しげな投資対象に手を出してしまうことがあるのだろうと思います。投資先を自分で選ぶ確定拠出年金の場合、投資先となるファンドのリターンなどがきちっと開示されますが、確定給付年金の場合、何に投資をしているのかなど、運用状況の開示が不透明である恐れがあります。

要するに、「人任せ」の運用と、「自分任せ」の運用のどちらがよいかということなのです。そして、大切なことはどちらにしても結果を受け入れなければならないのは自分だということです。

Section 1-2

確定拠出年金にはどういう人が加入しているの？

個人型と企業型がある

では、確定拠出年金にはどういう人が加入しているのでしょうか。

確定拠出年金は企業型と個人型とに分かれていて、これまで公務員は対象外でしたが、共済年金が厚生年金に統合される２０１５年10月以降は、公務員も確定拠出年金に加入できるようになる予定です。

まず個人型からみてみましょう。個人型に加入できるのは、

- 国民年金のみに加入している自営業者

です。自営業者の場合、国民年金に加え、国民年金基金（確定給付型）に加入して、2階建てにすることもできますが、これに確定拠出年金を併せて加入することもできます。

また、自営業者でない会社員も、

- **自分の働いている会社に確定給付企業年金（厚生年金基金を含む）などの企業年金制度がなく、かつ確定拠出年金を導入していない場合**

は、個人型に加入できます。

なお、確定拠出年金には掛け金の上限が定められています（**図表1－2**）。その理由は、後述するように税制上大きな

図表 1-2 ● 確定拠出年金の掛け金の上限は?

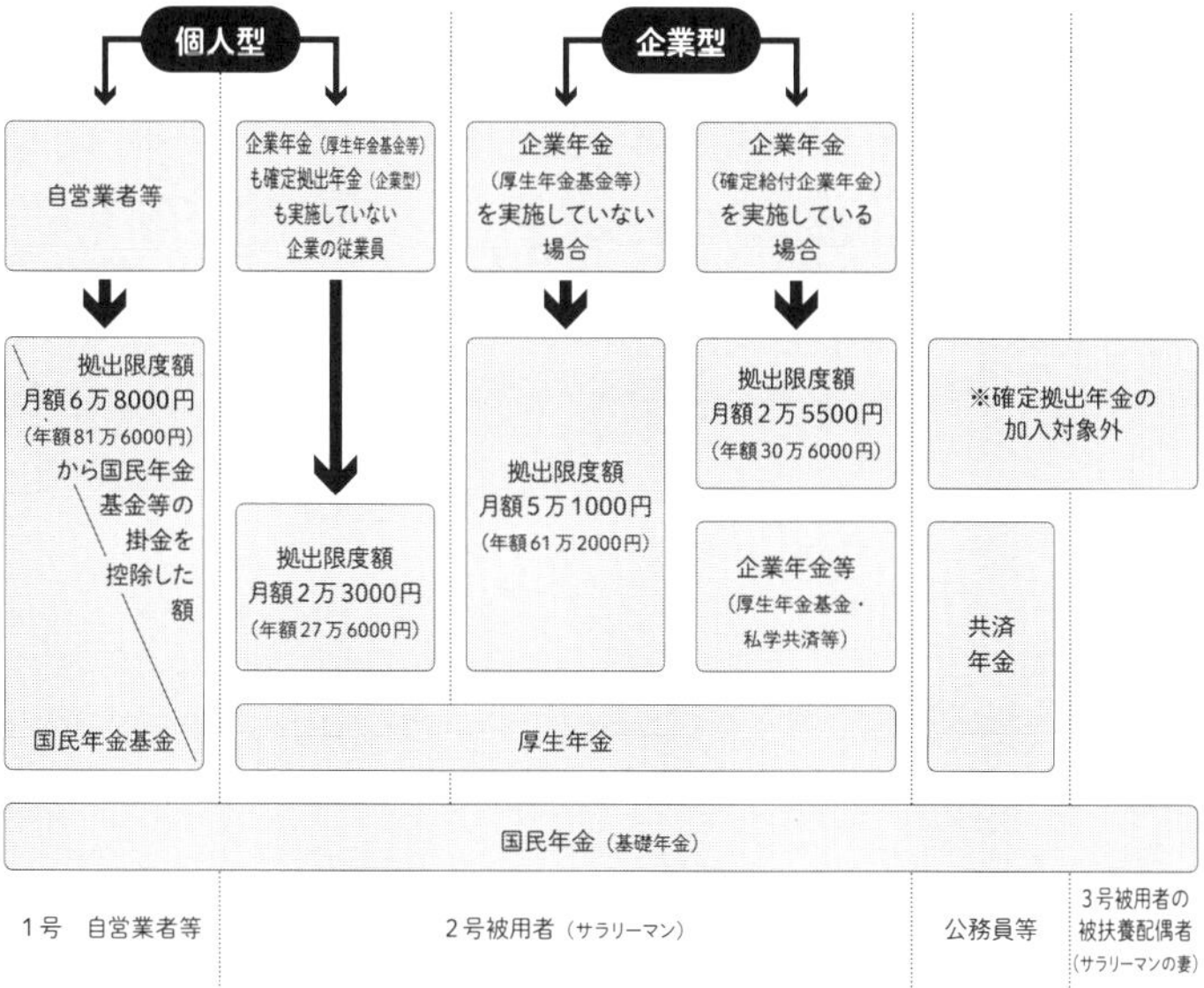

優遇措置が講じられているため、掛け金を無限に増やせるようにすると不公平になるからです。不公平になるから上限が決められているくらいですから、できるだけ活用しないともったいないといえるでしょう。

個人型確定拠出年金の拠出額は月額最高で6万8000円で、国民年金基金と確定拠出年金を併用する場合は両方を併せて6万8000円が、毎月の掛け金の上限になります。また、企業年金も確定拠出年金（企業型）も実施していない企業の会社員の場合は、その掛け金の上限額は月額2万3000円です。ちなみに個人型の場合、拠出金は会社を通じてではなく、加入する個人が直接払い込みます。

企業型の場合はマッチング拠出を追加できる可能性も

次に企業型です。これに加入できる人は、

- **自分の勤める会社が確定拠出年金を導入している**

場合です。この場合、掛け金の額はそれぞれの会社の制度によって定まりますが、確定給付企業年金（厚生年金基金を含む）などの企業年金制度がない場合の上限が月額5万1000円まで、すでに確定給付企業年金（厚生年金基金を含む）があり、これに確定拠出年金を上乗せする場合は、月額2万5500円が拠出限度額になります。

こうした企業型の場合は、企業が月々の掛け金を払い込みますが、2012年1月からは「マッチング拠出」といって、企業型でも個人が掛け金を拠出できるようになりました。

もちろん、「個人が拠出できる」といっても、限度額なしに拠出できるわけではなく、次のような制限が設けられています。

①企業が拠出する額と従業員が拠出する額を合計したものが、拠出限度額を超えないものであること。

②従業員が拠出する額は、企業が拠出する額を上限とする。

マッチング拠出で個人が拠出できる金額はそれほど大きなものではありませんが、マッチング拠出分については税制上大きな優遇措置を受けることができますから、積極的にこれを活用するメリットはあります。もしマッチング拠出が認められている企業であれば、できるだけこれを利用するとよいでしょう。

会社勤めをしている方は自分の会社の年金制度がどういうものなのか、一度きちんと確認してみることをお勧めします。

個人型の確定拠出年金は非常に有益な制度

確定拠出年金の加入者数が圧倒的に多いのは企業型で、２０１４年1月現在の加入者数は約４６５万人。これに対して個人型は、たったの約18万人でしかありません。

企業型の場合、会社が確定拠出年金を導入することを決定すれば、従業員はそれに従うしかありませんから、とくに意識せずに入っているケースが大半でしょう。

一方、個人型の場合、加入するかどうかは、制度の適用を受けることのできる各人の任意です。加入したくないと思えば加入する必要はありません。しかし、個人型の確定拠出年金の加入者が増えていない理由は、検討したうえで加入していないというよりも、制度の存在を知らないことのほうが多いような気がします。

むしろ自営業者こそ、この制度を有効に活用する必要があります。

何しろ自営業者には将来の保証がありません。年金にしても、国民年金（希望する場合はさらに国民年金基金）にしか加入できませんから、厚生年金に加入している会社員に比べれば、将来、受け取れる金額は少なくなります。たとえば、国民年金に40年程度加入しても、65歳以降に受け取れる年金の額は、1か月当たり5万円程度です。退職後の月5万円はありがたい金額です。しかし、残念ながらこれで生活費を賄うのはむずかしいでしょう。要するに生活基盤を支える資産は自分が準備する、国民年金はゆとり資金ぐらいの発想が必要なのです。

もちろん、自営業者ですから、定年もなく働き続けることができるともいえます。しかし、歳をとれば病気にもなりますし、体力が落ちていきますから、40代、50代のころと同じペースで働けるとは限りません。働けなくなったときには、きわめて少額の国民年金に頼るしかなくなります。そのリスクを考えたとき、確定拠出年金を活用する必要性は確実にあるといえるでしょう。

国民年金のみに加入している自営業者の場合、個人型の確定拠出年金の拠出限度額は月々6万8000円です。年間の元本は81万6000円。これを30年間継続すれば、元本部分だけで2448万円ですから、これを上手に投資することによって運用益が乗れば、さらに大きな将来の資金を得ることができます。

個人型の確定拠出年金に加入する手続きは？

個人型の確定拠出年金に加入するためには、個人型を受け付けている金融機関の窓口で申し込む形になります。窓口は銀行、証券会社、信用金庫、労働金庫、信用組合、信託銀行、保険会社というように多岐にわたっていますので、比較的簡単に手続きをすることができます。

具体的な手続きの流れは、次のようになります。

①金融機関の確定拠出年金コールセンターに電話をかけ、必要事項を伝える。
②金融機関から加入申込書類が郵送されてくる。
③加入申込書類に必要事項を記入し、返信用封筒で送り返す。
④金融機関が加入申込用紙の内容をチェックしたうえで、国民年金基金に申し込む。
⑤国民年金基金で加入資格の審査が行なわれる。
⑥加入者資格を取得できると、「加入確認通知書」が郵送されてくる。

⑦各種照会や運用指図を行なうための「口座開設のお知らせ」や、「パスワード設定などのお知らせ」が郵送されてくる。
⑧掛け金の引き落としがスタートする。
⑨指定した運用商品の配分比率に応じて商品が購入される。

このように、オンライン証券会社などに口座を開き、そこで株式や投資信託を購入する場合と、それほど変わらない手軽さで口座を開設できます。

個人型の確定拠出年金を利用する際の注意点は、たとえば投資信託だと、口座を申し込んだ金融機関と系列関係にある運用会社のファンドが、投資できる商品ラインナップの中心になることです。大手証券会社の個人型の確定拠出年金で運用する場合は、その証券会社系列の投信会社のファンドが大半を占めている商品ラインナップのなかから、自分の年金を運用する先を選ぶことになります。これは、他の金融機関でもおおむね、同じことがいえます。

したがって、どの金融機関で個人型の確定拠出年金を始めるかを決める前に、金融機関ごとにどのような運用商品を揃えているのか、比較しておく必要があります。

もちろん、ある金融機関で確定拠出年金をスタートさせた後、他の金融機関に口座を移管させることもできますが、それを行なうには手間がかかります。できれば、金融機関の変更は最小限に抑えたいところですので、最初にしっかり金融機関を選んだほうがよいでしょう。

Section 1-3

確定拠出年金のメリットとデメリット

NISAと確定拠出年金はどう違うの？

2014年1月から、NISAという制度がスタートしました。少額投資非課税制度のことで、年100万円、合計500万円まで、上場株式や株式投資信託に投資した分で生じた運用収益が非課税になる制度です。2013年10月から口座の事前予約がスタートし、国税庁によると2013年12月には、すでに475万口座を超えたそうです。NISAがスタートしたことで、投資関連の非課税制度に対する関心も高まってきたようです。

確定拠出年金も、投資の結果得られた運用益などに対して非課税となる意味では、NISAと同じ投資非課税制度のひとつです。そのせいか、確定拠出年金とNISAのどちらが有利なのか、という比較が話題になっています。

実際、どこがどう違い、どちらが有利なのでしょうか。

まず非課税制度という点では、NISAよりも確定拠出年金のほうが有利です（**図表1－3**）。①投資開始時、②運用時、③受取時という3つの局面における課税関係と④税制メリットを受けられる金額（総額）をみると、それは明らかです。

まず①の投資開始時は、NISAでは拠出した額に対する所得控除は一切適用されないのに対し、確定拠出年金では掛け金の全額が所得控除の対象になり、所得税と住民税が軽減されます。この表では平均的な税率を10％としておきます。労働の対価として1000の収入があったとしましょう。いま、1割を投資に回

図表 1-3 ● 確定拠出年金とNISAの課税関係の差はどうなっている？
——開始時に所得税がかからないメリットは大きい

	投資開始時		運用時					受取時
		所得税率	税引後投資額	税引前投資収益率	税引後投資収益率	投資収益に対する課税	税引後投資収益率	受取時の課税
確定拠出年金	税引き前所得100	0%	100	5%	5%	0%	5%	**控除あり**
NISA		10%*	90		4.5%	0%	4.5%	0%
課税口座		10%*	90		4.5%	20%	3.6%	

投資収益は年5%とする
*：平均的な税率

したとします。確定拠出年金の場合は1000の収入のうち100を投資でき、残りの900が課税対象となります。しかし、NISAや課税口座の場合は、1000の所得に対する税引き後の手取りである900の1割、つまり90のみの投資になってしまいます。

次に②の運用時ですが、これは確定拠出年金もNISAも、運用収益に対しては非課税になりますからメリットは同等です。

そして③の受取時ですが、確定拠出年金の場合、受取額に対して通常どおり課税されるものの、退職所得控除や公的年金等控除が利用できるため、実質的には非課税に近い状態になります。一方のNISAは受取時の収益に課税されることはありません。ですから、メリットはほぼ同等といえるでしょう。

④の税制メリットを受けることができる金額（総額）については、NISAは年間100万円、総額で500万円が非課税の上限です。これに対して確定拠出年金の場合、個人型の最高額で年間81万6000円ですが、いくらまでという総額の上限は設けられていません。もし、30年間積み立てたとすれば、元本部分だけで総額は2448万円になります。これだけの金額を非課税で運用できるのですから、圧倒的に確定拠出年金のほうがメリットは大きいといえるでしょう。

確定拠出年金の不便な点

以上でみたように、税制メリットについては確定拠出年金のほうが有利ですが、確定拠出年金のほうが不便な部分もあります。

加入資格は、確定拠出年金の場合、たとえ個人型であったとしても、専業主婦の方が加入することができません。これに対してＮＩＳＡの場合は、日本の居住者で20歳以上の人は全員対象になるので、専業主婦の方でも非課税メリットを活かした投資をすることができます。

また、現金化のしやすさという点でも、

図表1-4 どちらが有利か優先順位を考えよう
――確定拠出年金の「総額上限なし」は魅力

	課税口座	NISA	確定拠出年金
金額制限	なし	100万円（年） （最高500万円）	個人型 1号：81.6万円（年） 2号：27.6万円（年） 企業型 企業年金なし：61.2万円（年） 企業年金あり：30.6万円（年） 総額上限なし
対象	誰でも	20歳以上	個人型 1号：自営業 2号：企業年金がない会社員 企業型 会社が制度を入れた場合
解約	いつでも	いつでも	60歳以降受取（一部例外あり）
課税	普通に課税 （損益通算あり）	運用益非課税 （1回限り） （損益通算不可）	掛け金に非課税枠あり 何度売り買いしても 運用益非課税 退職所得控除あり
口座手数料	なし	なし	年4000～6000円

確定拠出年金はＮＩＳＡに対して不利です（**図表1－4**）。ＮＩＳＡは解約や売却によって、いつでも現金化できますが、確定拠出年金はあくまでも「年金」なので、60歳よりも前の時期に解約などで現金化することは、非常に厳しく制限されています。基本的に、60歳で積立期間が満了する前の解約は、ほぼ不可能と考えてよいでしょう。もっとも、本来が退職後のための資金ですから、簡単に解約できるというのも問題だといえます。誘惑に負けずに将来に向けて運用していくべき資金だからこそ解約がむずかしいほうがよいともいえるかもしれません。

ほかにもある確定拠出年金のメリット

確定拠出年金は税制メリット以外にも、投資対象としてみた場合、いくつかの点で優れた面があります。

第一に、運用コストが安いこと。確定拠出年金の場合、一般向けに販売されている投資信託に比べて、運用管理費用が安いというメリットがあります。

詳しくは後述しますが、投資信託で運用する場合、「運用管理費用」というコストが日割りでかかってきます。一見、低率にみえますが、将来資金への備えのように長期で運用する場合、こうしたコストは意外に重い負担になります。

ちなみに、確定拠出年金向けの投資信託も一般向けに販売されている投資信託も商品性はほとんど同じです。

確定拠出年金の場合、一般に販売されている投資信託を、確定拠出年金向けとしてラインナップに載せているファンドが大半だからです。たとえば野村アセットマネジメントが設定・運用している「ノムラ・ジャパン・オープン」は、確定拠出年金向けとして「ノムラ・ジャパン・オープン（確定拠出年金向け）」という、まったく同じ運用コンセプトや組入銘柄を持つファンドが用意されており、確定拠出年金加入者は、後者のファンドを選んで運用することになります。

この両ファンドは同一ファンドといってもよいのですが、実は運用管理費用が異なります。一般向けのノムラ・ジャパン・オープンの運用管理費用は、年率で1・596％なのですが、確定拠出年金向けになると、年1・4325％になります。他のファンドをみても、大半のケースで運用管理費用は確定拠出年金向けのほうが低率になっています。つまり、同じファンドで運用するならば、確定拠出年金で投資したほうが、コスト面で有利だということです。

第二に、スイッチングのコストがゼロでできること。スイッチングというのは、ファンドAからファンドBに乗り換えることで、通常、ファンドAの購入手数料を支払った後、ファンドBに乗り換える際には、新たにファンドBの購入手数料を支払わなければならないのですが、確定拠出年金の場合、そのコストがかからないのです。

もちろん短期でどんどん乗り換えるような運用は決して望ましいものではありませんが、長期で運用するあいだには、やはりポートフォリオを入れ替えたり、後述するリバランスをしたりする必要性が生じてきます。その際、スイッチングのコストがゼロというのは、投資をする側からすれば非常に有利となります。とくに後述するバリュー平均法を採用する場合は、非常に大きなメリットとなります。

第三のメリットは、安全性が高いことです。これは確定拠出年金向けの商品がその他の商品よりも運用パフォーマンス上の安全性が高いという意味ではありません。ここでいう安全性とは、勤務先の会社が倒産した場合でも資産が保全されるという意味です。確定拠出年金は資産管理機関によって積立金が保全されているので、仮に会社が倒産したとしても、その会社の債務を履行するのに、確定拠出年金の積立金を用いることは認められません。また、「ポータビリティ」といって、会社を辞めたり、倒産によって転職を余儀なくされたりした場合、確定拠出年金は前の会社で積み立てていた年金原資を新しい職場に移することができます。その意味で、非常に安全性とフレキシビリティの高い制度といってもよいでしょう。

そして最後のメリットが、投資知識を身に付けることができる点です。とくに企業型の確定拠出年金に加入している人は、福利厚生の一環として、企業が主催する投資教育のセミナーに参加することができます。こうしたセミナーに参加することによって、自身の投資知識も徐々に高まっていくでしょう。そこで得た投資やお金に関する基本的な知識や常識＝投資リテラシーは、たんに確定拠出年金をどう運用するかということに留まらず、これからの生活においてさまざまな場面で役に立つ一生の財産になるはずです。とくに後述する「脳トレ投資」のための準備運動としても非常に意味のあることだと思います。その意味からも、確定拠出年金で運用を始めるときは、最初から5〜10％くらいであっても株式ファンドを入れておくことをおすすめします。

Superior Management Skill of

Defined Contribution Plan

第 2 章

確定拠出年金を自分で運用し始める前に知っておきたい「投資の基本」

Section 2-1

投機、投資、資産運用 この3つの違いとは？

規則性や法則性があるかどうか

「投資」という言葉を聞くと、真っ先に「危ない」というイメージが頭に浮かび、なかなか一歩を踏み出すことができないような人が、本来なら「投機」に近いものであるにもかかわらず、簡単に手を出して大きな損失を被ってしまう。

こんな人を時々、見かけることがあります。

また、「株式投資はリスクが高いから」といって手を出さないのに、パチンコや競馬、競輪などのギャンブルでいつも大きな損失を被っている人もいます。

なぜこのようなことが起こるのかといえば、投機と投資の違いを理解していないからだと思います。投機と投資は「機」と「資」という文字が異なるだけですが、実は非常に大きな違いがあります。

まず投機とは何か。これは、結果に規則性や法則性がなく、結果をコントロールする術がないものです。要するにギャンブルです。サイコロの目を当てる、スロット・マシーンの目を揃えるなど、みんな偶然性に賭けています。パチンコとなると人によっては台を選んだりします。また、競馬などの場合にはかなり分析的な要素も入るようです。しかし、程度の差はあっても基本的には偶然性に賭けているわけです。

これに対して投資は、ある程度の規則性、法則性があって、その分、結果をコントロールする術もあります。株式には、本源的な価値があります。株価は大きく変動しても長期的にみれば価値の周辺を動いているのです（31ページ図表0－3参照）。このようなある程度の規則性、法則性があるからこそ、銘柄分散や時間分散といった方法を用いることによって、リスクをコントロールすることも可能になります。

投資にも大きく分ければ2種類あります。短期投資と長期投資です。短期投資というのはあくまで「株価」を対象として「売買」によって儲けようというものです。一方、長期投資は「企業」を対象としてそれらを「保有」して、企業が成長するとともに資産も育てようというものです。

投資と資産運用の違いとは？

　では、次に資産運用とは何か、ということについて考えてみたいと思います。

　長期投資をした結果、元本が10倍になったとしましょう。これは、長期投資としては大成功といってもよいと思います。しかし、元本が10万円だったらどうでしょうか。10倍ということは、10万円が１００万円になったという計算です。確かに、10万円が１００万円になったのですから大したものですが、１００万円で老後の生活を維持するのはむずかしいでしょう。

図表 2-1　投機と投資と資産運用の違いを理解しよう
――「長期」で「資産全体」がどうなっているかを考えるのが資産運用

投機	ギャンブル
投資	短期投資
	長期投資
資産運用	資産形成
	資産活用

資産運用は、金融資産全体を長期間かけて目的とする水準までできるだけ安全に殖やそう、というものです。つまり、「運んで用いる」のが運用なのです。資産運用では個別の銘柄が儲かったとか、損したということはあまり関係がありません。重要なのはただひとつ、資産全体がどうなっているかです。ポートフォリオが重要なのです。まさに、木を見るのではなく森を見るのが資産運用です。

資産運用も2種類に分かれます。資産形成と資産活用です。前者は就業中の方が収入の一部を長い期間をかけて積み立てていき、退職後の経済基盤をつくろうというもの。後者は退職した後の人が現在保有する資産を運用しつつ使っていこうというものです。

投資と資産運用の意味を同じものとして使っている人も多いのですが、私は、これらはきちんと分けて考えるべきだと思っています。まとめると、まず、投機と投資があり、投資には短期投資と長期投資があります。そして長期投資を束ねて人生を通じて管理していくのが資産運用であり、資産運用には資産形成と資産活用があるということです（**図表2−1**）。

Section 2-2

リスクとリターンはトレードオフの関係にある

「当たり前のこと」は資産運用にもあてはまる

資産運用を行なう際に覚えておいていただきたい、いくつかの簡単な原則があります。まずは、それについてひとつずつ理解していきましょう。

といっても、別にそれほどむずかしい話ではありません。少し考えれば、誰でも「あ、なるほど！」「そりゃ、そうだよな」と納得できるレベルの話です。資産運用というと、多くの人はとてもむずかしいことばかりを連想してしまいがちですが、決してそのようなことはありません。当たり前のことを当たり前のように積み重ねていくことが、豊かな未来を迎えるための資産形成へとつながっていくのです。

まず、リスクとリターンのトレードオフについてです。

トレードオフというのは、「あちら立てれば、こちら立たず」ということです。あるいは「虎穴に入らずんば虎児を得ず」ともいいますし、欧米では「ノー・フリー・ランチ（タダ飯はない）」などといいます。一方を追求すると、他方を犠牲にせざるをえないという関係性のことです。これは資産運用全般に通じた話ですから、十分に理解しておいてください。この点をしっかり理解するだけでも投資での間違いが減るばかりでなく、適正なリターンをできるだけ安全に得ることができるようになるのです。

リスクとリターンのトレードオフは、資産運用で最も重視すべきことです。

よく「ハイリスク・ハイリターン」とか「ローリスク・ローリターン」といった言葉を耳にすると思います。高いリターンを得るためには、高いリスクを受け入れなければならない、あるいは、リスクを低く抑えたいならば低いリターンしか見込めない、ということです。「ローリスク・ハイリターン」の金融商品など、この世には存在しないのです。

このところ、金融詐欺事件が多発していますが、このトレードオフの関係性を頭に入れておけば、そのような詐欺に引っ掛かることもなくなります。

たとえば、長期金利が1％にも満たない現在の超低金利局面で、「年10％の確定利回り、元本保証、円建て」という金融商品があったとしたら、どう考えても、この商品は怪しいと思わなければなりません。円建て、元本保証で、日本の長期金利を大きく上回るリターンを、確定利回りで出せるまともな金融商品など、ありえないのです。

確かに投資であっという間に10％値上がりして儲かったというような話も耳にすることがあるでしょう。しかし、それは偶然そうなったというだけでたんなる投機の結果です。人生を通じての資産運用はそのようなヒヤヒヤ、ドキドキした投機ではなく、理論と整合性のある安定的なリターンを生み出してくれるものです。

リスクが高ければリターンが高いわけではない

「リスクとリターンという言葉をオウムに教えればファンドマネジャーができる」という冗談があるぐらい、リスクとかリターンという言葉は投資で頻繁に使われます。リターンは簡単にいえば収益率です。投資による収益には2種類あります。ひとつは債券の金利や株式の配当金、投資信託の分配金のように定期的にもらえる資金で、これを「インカム・リターン」といいます。また、株式のように値動きをする投資対象は値上がりによる収益もあります。反対に値下がりすれば収益はマイナスです。プラス、マイナスどちらもありえるのですが、値動きによる収益を「キャピタル・リターン」といいます。インカム・リターンとキャピタル・リターンを合わせたものを「トータル・リターン」といいます。

株式、債券、定期預金のリターンの構成を考えてみましょう。

株式はインカム・リターンとして配当金をもらえます。また、株価の動きによってキャピタル・リターンも発生します。そして両者ともそのときの景気動向や市場環境によって大きく変動します。一方、債券はあらかじめ定められた金利を定期的に受け取ることができます。その点では決まったインカム・リターンを得ることができます。しかし、債券の価格は金利変動により株式ほどではありませんが変動します。つまり、キャピタル・リターンはプラスにもマイナスにもなりえるのです。そして定期預金の金利は確定していますので、インカム・リターンは変動しません。

まとめてみると、

- **株式のトータル・リターンは極めて大きく変動する**
- **定期預金は事前に決まっている**
- **債券は株式と定期預金の中間**

ということになります。

リターンは以上のとおりですが、「リスク」はもう少し説明がいります。リスクは「危険」という意味だから、投資で損をすることをリスクというのだろうと思いがちですが、投資の世界でいうリスクの定義は少し違います。リスクは「わからなさ」「不確実性」や「不透明性」を意味するのです。つまり、値上がりであれ、値下がりであれ、期待したリターンからのはずれ度合がリスクなのです。

一般には、値上がり期待をリターン、値下がりの恐れをリスクと考える方が多いようですが、正しい定義を理解してください。

ところで、リスクとリターンに関しては、**図表2－2の左図**であらわされることがよくあります。リターンを縦軸に、リスクを横軸に取った場合、ローリス

図表 2-2 ● リスク・リターン図として正しいのは右か左か？
――リスクが高ければリターンが高いわけではない

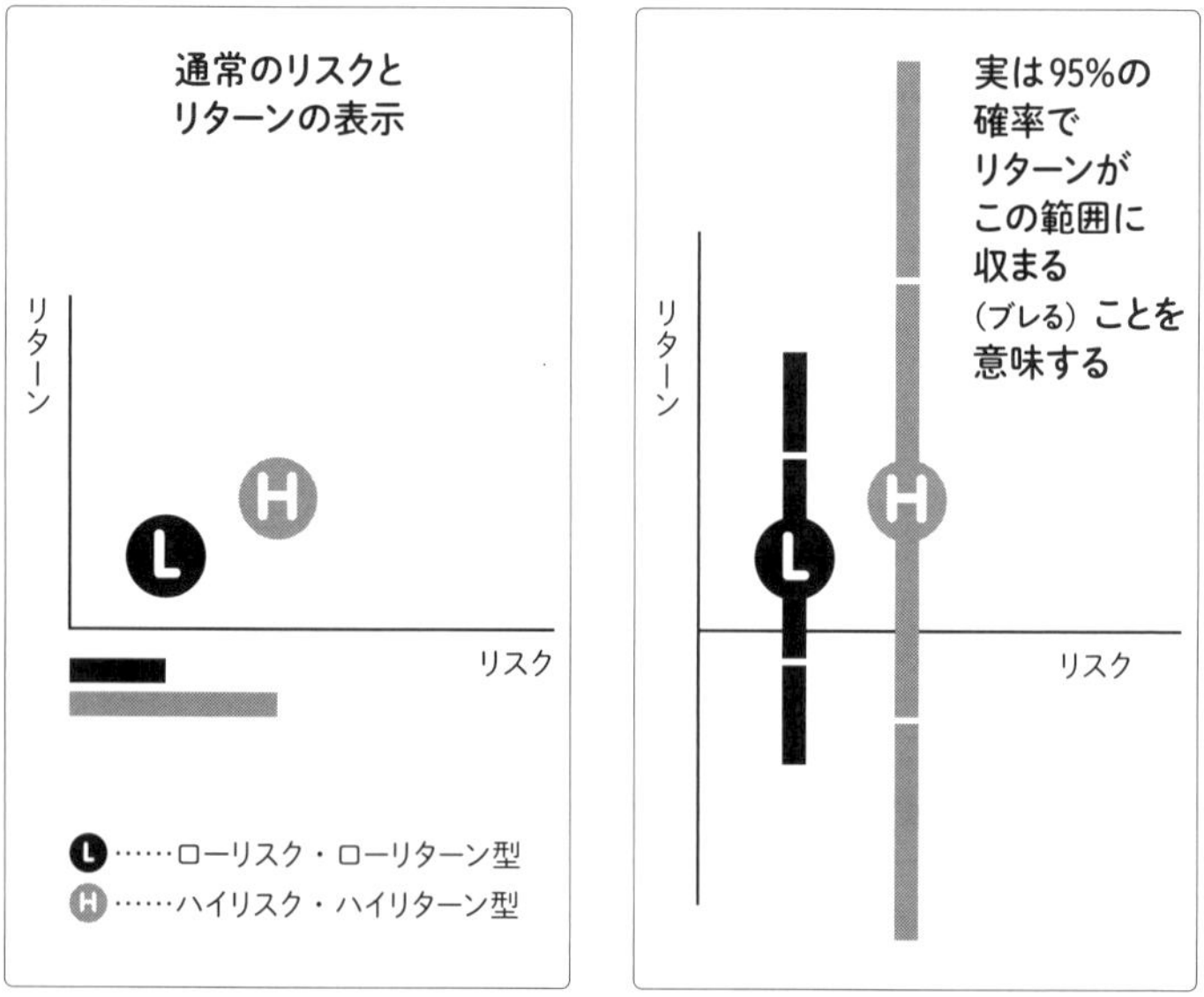

ク・ローリターンは左端の下に、ハイリスク・ハイリターンは右端の上に位置している、投資の教科書などで紹介されている形のものですが、実はこれは誤解を招く図だといわざるをえません。

これをみれば誰もが、「高いリスクを受け入れれば、確実に高いリターンが得られるものだ」と思ってしまうでしょう。しかし現実には、高いリスクを受け入れれば確実に高いリターンが得られるのかというと、そうではありません。

リスクとリターンのトレードオフを表現するのであれば、**図表2－2の右図**のほうがより正しいと思われます。この図では、左図では横軸に描かれていたリスクの幅を縦軸上のリターンの上下に描いています。リターンの幅ひとつ分を上下に描けば、約3分の2の確率でリターンがこの範囲に入ることを意味します。リターンの幅を図のようにふたつ分、上下に描くと確率は95％になります。左の図を右の図と比較してみるとリスクというものの本質がみえてきます。

仮にA銘柄が平均5％のリターンが期待できリスクが10％だとすると、マイナス15％～プラス25％の範囲に95％の確率でリターンが収まるということです。一方、B銘柄も期待できるリターンが平均5％でリスクが3％であればどうでしょう。95％の確率でリターンはマイナス1％～プラス11％に収まります。みなさんはA銘柄とB銘柄のどちらを選ぶでしょうか？　同じ平均リターンが期待できるなら、変動の小さいB銘柄のほうがいいですよね。

そうするとみんながB銘柄を買うので株価が値上がりします。その結果、B銘柄の期待リターンは低下していきます。そして、同じリスクの幅でB銘柄の期待リターンが2％にまで低下したらどうでしょう。この場合、同じ確率でリターンがどれぐらい変動するかといえばマイナス4％～プラス8％ということになります。そうすると、A銘柄とB銘柄のどちらを選ぶかちょっと迷いますね。

このようにして、マーケットでは投資家が総体として選ぶのが迷うような状態になるまで、それぞれの投資対象の値段が動いて決まっていくのです。その点を考えれば、低いリスクで極端に高いリターンの商品が存在しないことがおわかりいただけると思います。

要するに、リスクというのは将来の不透明性の大きさを示すものです。値下がりだけではなく、値上がりも値下がりも値動きの幅が大きなものほど、リスクが大きいのです。その結果、大きな利益を得られることもありますが、逆に大きく損をするケースもあるということです。

Section 2-3

時間を味方に付ければ投資で勝つことができる

長期間運用すると複利効果がどんどん高まってくる

資産運用においては「時間を味方に付ける」ことが大切です。個人投資家がプロに勝てる要素のひとつは、この時間を味方に付けることが自由にできるということです。

たとえばプロの代表である年金運用会社の運用担当者は、年金という長期の資金を運用しているのですが、実際は四半期という短い期間ごとに運用パフォーマンスのレビューを行なわなければなりません。つまり3か月に一度、運用実績が市場の平均的なリターンを上回っているかどうか、他社と比較してどうなのか、ということが問われるのです。

一方、個人にはそのような煩わしさは関係ありません。あくまでも自分のペースで運用することができます。真の意味で長期的な観点で資産運用できるのは、個人投資家を置いてほかにはないのです。

時間を味方に付けることの最大のメリットは、複利効果が期待できることです。

複利運用というのは、一定期間運用したことで得られた収益を元本に加え、さらに一定期間運用することです。それを繰り返すことによって、徐々に元本部分が膨らんでいくため、同じ利率で運用し続けたとしても、より効率的に資産を殖やせるというのが複利効果です。

少し比較してみましょう。利回りを５%、元本を１００万円として、単利運用をした場合と、１年複利運用した場合の元利合計額を計算してみます。運用期間は20年とします。

まず単利運用の場合、１００万円を20

図表 2-3 複利運用の効果
——長期になるほど複利の効果が大きくなる

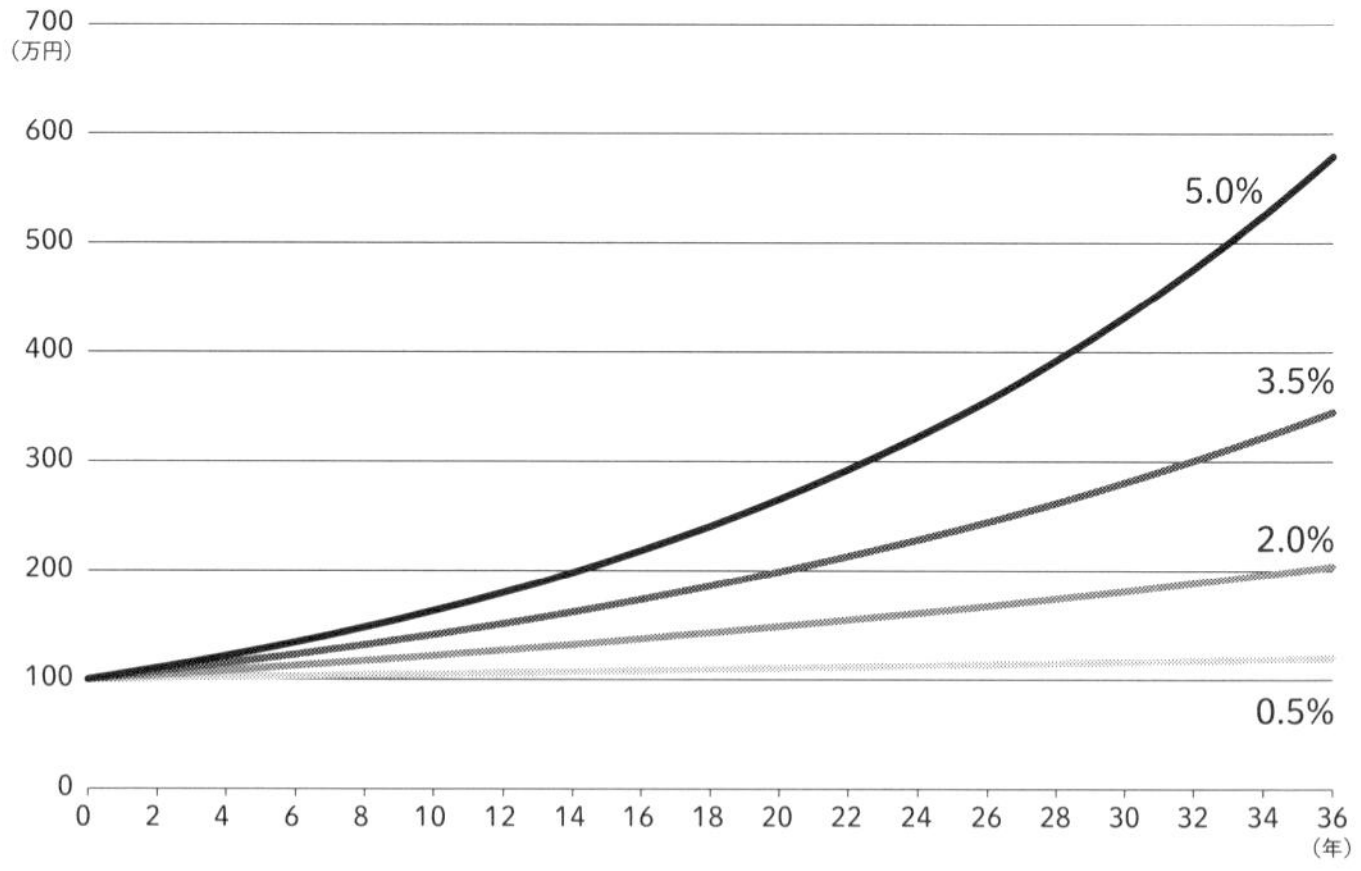

年間運用すると、20回分の年金利5万円、合計100万円の金利を得ますから、元利合計金額は200万円になります。これに対して、同じ利率で20年間、1年複利で運用した場合の元利合計金額は、265万3297円です。単利運用に比べて、1年複利で運用の場合、元本が2・6倍以上になります。これが複利運用の効果です。

複利運用の効果は、運用期間が長くなるほど高まります。たとえば、元金100万円を利率0・5％、2％、3・5％、5％で複利運用したとき、投資金額がいくらになるかを計算してみたのが**図表2－3**です。たとえば2％の複利運用を36年続けると、資産は約2倍になります。36年といえば30歳の方が65歳になるまでです。

このように長期間、複利で運用を続けると、リターンを押し上げる効果が得られるのです。まさに時間を味方に付けた運用法といってよいでしょう。

資産運用と時間の関係は「72の法則」でわかる

資産運用と時間の関係については、「72の法則」を覚えておくと便利です。これは、資産運用で「元本を2倍にするために必要な金利や期間」を求めるための式です。計算式は、次のとおりです。

金利（％）×年数（年）＝72

たとえば、定期預金1年物の利率は、2014年1月時点で0・025％です。もし、この利率で元本を倍にしようとしたら、どのくらいの年数が必要でしょうか。右の式を変形すれば、簡単に求められます。

年数＝72÷0・025％

つまり、2880年というのが答えです。2880年前といえば日本では縄文時代。いくら長期投資といってもそれでは長すぎます。それほどいまの日本の金利は低いのです。では、10年で元本を倍にするためには、何％で運用すればよいのでしょうか。これも式を変形すれば、簡単に求められます。

金利（％）＝72÷10（年）

右の式から金利を求めると、答えは7・2%ということになります。

この式からわかることは、「期間を長く取れば取るほど、高いリターンを狙って高いリスクをとる無理な運用をしなくても、元本を殖やせる」ということです。

前述したように、リスクとリターンはトレードオフの関係にありますから、リターンを低めに設定すれば、その分、過大なリスクをとる必要がなくなります。だからこそ、資産運用では時間を味方に付ける必要があるのです。

72の法則から2つのことがわかります。ひとつは期間が長くなるほど効果は尻上がりに大きくなること、そしてもうひとつが利率の小さな差が時間とともに大きな差を生むということです。

長期投資でもリスクは軽減されない!?

よく長期投資の効用を説くグラフに、次ページ**図表2－4**のような「トランペットチャート」と呼ばれる図が使われます。このグラフは戦後の日経平均を対象に分析したものです。

むずかしそうにみえますが、要するにこの図が意味するところは、保有期間を長くするほどに、平均リターンはそれほど大きく変わらずに、上下への「1年当たりに換算したリターンのブレ幅」が縮小していくということです。たとえば、保有期間が1年だと、いちばん上がったときは年150％近く上がり、いちばん下がったときは約50％下がったことがわかります。しかし、期間を長くするほどに上下の幅が縮小しています。

「だから、長期間保有すれば大きなリスクをとっても大丈夫だ」という議論があります。これは、半分は正しく、半分は誤りです。確かに20代、30代の方が大きなリスクをとって、仮にマーケットが一時的に大幅安しても、時間の経過とともに回復し、さらに上昇トレンドになる

図表 2-4 長期保有のメリットの効果と現実（戦後の日経平均の変動率）

――保有期間が長ければ「1年当たりに換算したリターンのブレ幅」は小さくなるが……

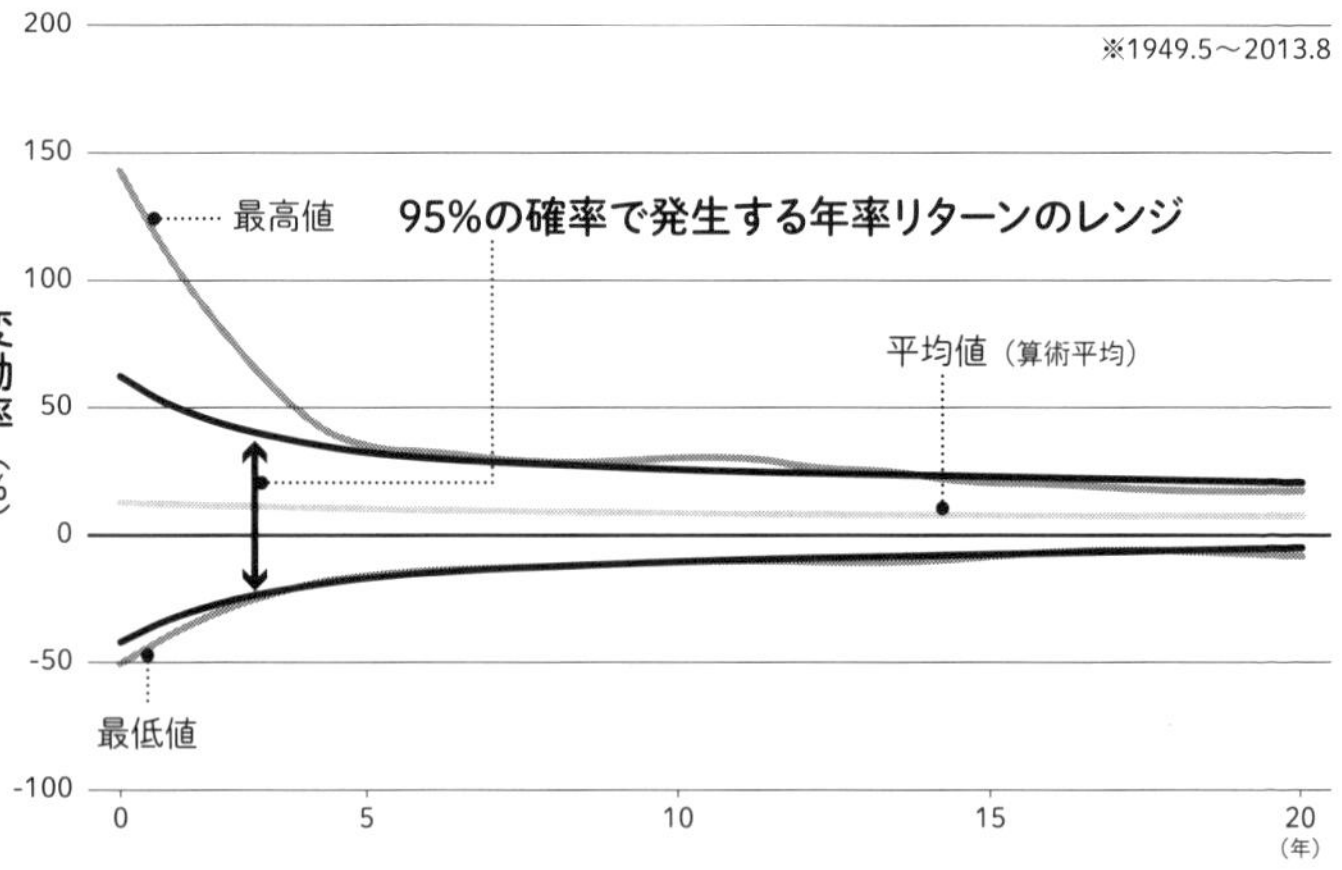

ことは十分にありえます。あれほど多くの人をパニックに陥れたリーマン・ショックですら、市場は新値を更新するまでに復活しています。あのときに慌てて売ってしまった人はどうだったのでしょう。暴落直前に売却し、その後の最安値の時点で買い戻していたら立派なものですが、それができた人はきわめて少ないでしょう。少なくともふつうの生活者がそれをしようとしても無理です。それであれば中期的な変動は無視してじっと持っているほうがよいのです。

こうして長期投資を続けた結果、たとえば65歳のときに大きな資産を手にしたとしましょう。しかし、翌年、66歳のときに再び大暴落に襲われる可能性はあるのです。加齢とともに今後の投資期間が短くなるのは厳然とした事実です。だから、年齢を経るにつれて、大きな暴落があっても致命的な被害を受けないように、リスクの高い株式などの資産は減らしていく必要があるのです。

つまり、長期の資産運用といっても、ただ保有し続ければよいというのではなく、分散投資をするのと同時に、次節で解説するアセット・アロケーションを変更していく必要があるのです。

Section 2-4

投資の成果の9割はアセット・アロケーションで決まる

投資成功のポイントはタイミングではない

「アセット・アロケーション」という言葉をご存知でしょうか。アセットとは資産、アロケーションとは配分です。つまり、簡単にいえば資産配分。株式や債券、定期預金などをどのような比率で保有するかという配分のことです。

投資を行なう多くの方は、よい銘柄を選び、よいタイミングで売買することこそ成功の鍵だと思っています。

個別銘柄投資をしている人に、この傾向は強くみられます。値上がりしそうな銘柄を選び、他の投資家がその銘柄の割安さに気付く前に買う。多くの投資家がその銘柄の割安さに気付き買い始める。そして株価が値上がりしたところでタイミングを見計らい、利食い売りをする。しかし、現実にはこれから値上がりしそうな銘柄を選ぶことも、これからいよいよ上昇をするというタイミングもわかるものではありません。もちろん、値下がりについても同じことです。

長期の資産運用のパフォーマンスにとって決定的に重要なことは何か。その点を明らかにしたのが１９８６年にブリンソン、フッド、ビーバウワーという３人の学者が発表した論文です。米国の大手年金90基金の10年間にわたるパフォーマンスの源泉についての研究でした。これが実は投資の実務界を大きく揺るがすこととなったのです。

彼らは１９９１年にもそのフォローアップをしており、ほぼ同様の結果を得ま

図表 2-5 株式や債券への配分比率（アセット・アロケーション）**が長期的なパフォーマンスのほとんどを決めてしまう！**

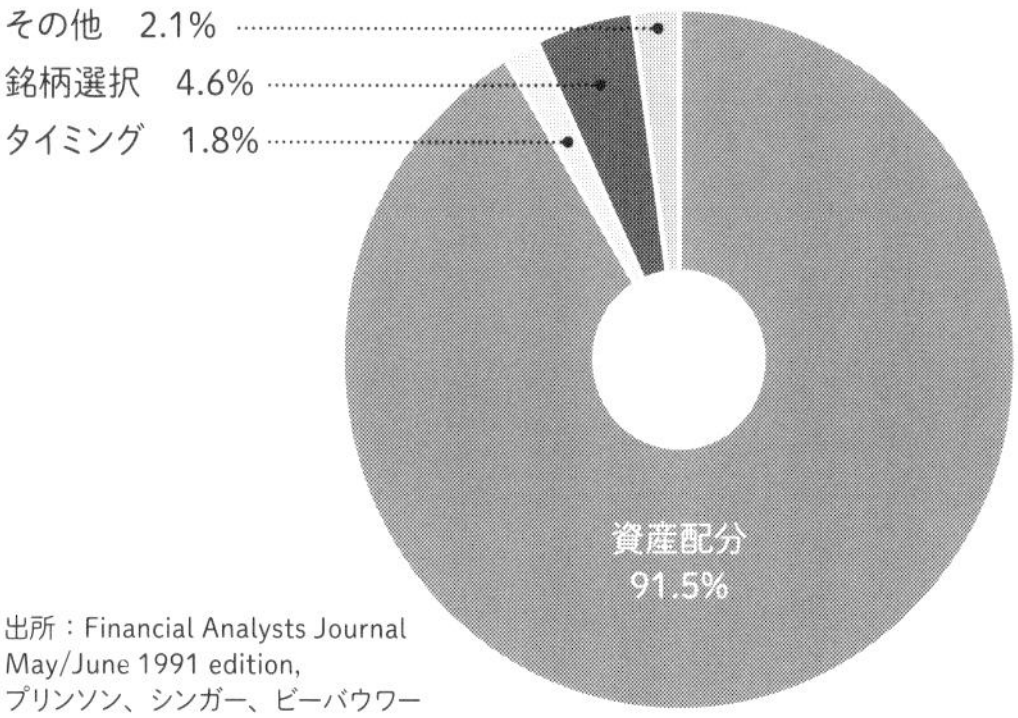

出所：Financial Analysts Journal
May/June 1991 edition,
ブリンソン、シンガー、ビーバウワー

した。その結果が前ページ図表2－5です。タイミングがパフォーマンスに与える影響度はわずか1・8％であり、銘柄選別の影響度も4・6％に過ぎません。一方、アセット・アロケーションが及ぼす影響は、91・5％にもなります。長期の資産運用におけるパフォーマンスの良し悪しは、そのほとんどがアセット・アロケーション次第なのです。

これは投資の実務者には大きなショックでした。なぜなら、よい銘柄を選んでタイミングをみながら売ったり買ったりすることこそ投資だとみんな思っていたからです。しかし、この研究は「そのような行動は長期的パフォーマンスには、数％の貢献しかしていない。パフォーマンスのほとんどはアセット・アロケーションによって決まる」ということを明らかにしたのです。

その後、多数の類似した研究が行なわれ、程度の差こそあれ、パフォーマンスのほとんどはアセット・アロケーションが支配しているという考えが確立されました。

アセット・アロケーションの基本

個人投資家の方にとってアセット・アロケーションを決定する要因は多数あります。たとえば、その方が現在、どのぐらいの資産を持っているのか、現在の収入はどれぐらいあり、その収入は安定的か不安定なのか、未婚か既婚か、家族構成はどうなのか、さらには個人の性格はどうなのか、なども関係してきます。そのなかでもとくに重要な要因はその方のライフステージです。

ライフステージに基づくアセット・アロケーションの基本的な考え方は、「年齢の進行に伴って、リスク資産の比率を下げていく」というものです。

つまり、年齢が若いうちは、株式など高いリスクを取った資産配分での運用を行ない、年齢が上がっていくにつれて、株式を減らし、債券を増やすことでポートフォリオのリスク度を下げていくということです。

年齢が若いうちは、いろいろな意味でリスクを取った運用ができます。これからの会社勤めのキャリアが長いほど、より高い報酬を得るチャンスに恵まれますし、若いうちであれば当然、投資期間は長くなります。長期的にみればマーケットのよいときと悪いときのパフォーマンスが相殺しあってくれます。その結果、平均的なリターンを獲得できるのです。

一方、年齢が上がれば上がるほど、そうしたリスクを取った運用はしにくくなります。たとえば、定年を迎え、年金以外の定期収入がない状態で損失が生じたら、仕事による収入などでその穴埋めをすることはきわめて困難です。また、どうしても若いころよりも投資期間が短くなるので、ある年に大幅に資産が減るようなことがあると、それを回復するための時間が十分にないことが考えられます。したがって、若いころと同じような高いリスクを取った運用は、避けたほうが無難です。年齢が上がるほど、ポートフォリオから株式のようなリスク資産を減らしていくというアセット・アロケーションを組んでいく必要があるのです。

Section 2-5

投資対象を分散すればリスクを低く抑えられる

銘柄固有のリスクは取っても報われない

アセット・アロケーションは全体的な投資の方針を決めるものです。つまり、株式でも債券でも全体のなかでみたそれらの配分比率をどうするかという問題です。そして、株式、債券の比率が決まったら、次にそれぞれの中身を具体的にどうするかを考える必要があります。その際にできるだけ資産クラスのなかのリスクを管理しておく必要があります。それがリスク管理であり、その手法が分散投資です。

ある銘柄の値動きには2つの要因が含まれています。たとえばトヨタ自動車の株式で考えてみましょう。ある日、ニューヨーク市場が大暴落をしていたら、トヨタ株も下がる可能性が高いでしょう。これはトヨタ固有の要因とは関係のないマーケット全体に引っ張られた動きだといえます。しかし、もし、トヨタが予想利益を大幅に増額修正したならマーケット全体の動きとは関係なくトヨタ株は値上がりするかもしれません。これは全体とは関係のないトヨタ固有の要因による値動きです。つまり、ある銘柄の値動きには市場全体にかかわる部分と、その銘柄固有の理由によるものの両方があるということです。

保有する銘柄を増やせば増やすほど、ポートフォリオの動きは個別銘柄の要因の影響を受けにくくなり、市場全体の動きに支配されるようになります。つまり、個別銘柄の要因は銘柄を増やしていくことで削減でき、最終的に市場に上場されている全銘柄を持ったときに完全にゼロになります。銘柄固有の要因は分散投資で消し去ることができるのです。

この事実をさらに突き詰めると、消し去ることのできるリスクは取っても報われることがないことになります。つまり、銘柄固有の余分なリスクは取らず、市場全体のパフォーマンスを着実に得てゆく。これが「インデックス運用」と呼ばれる投資手法の基本的な考え方です。私はこれが個人投資家にとってはもっともわかりやすい投資ではないかと考えています。

インデックス運用というと、なかにはまったく意味がないという人もいます。その根拠は、過去20年以上の日本株インデックスの値動きに拠る部分が多いようです。１９８９年12月末の日経平均株価は３万８９１５円ですが、２００９年9月には７０００円近くまで値下がりしました。最近はだいぶ戻ったとはいっても1万5000円近辺です。

インデックス運用に対する否定派は、この日経平均株価の値動きを見て、「インデックス運用は机上の空論である」といいます。

日経平均を買っても分散投資にはならない

この考え方は重要な点を見逃しています。

確かに、日経平均株価など日本株のインデックスは、この20年、低迷しました。しかし、日本株のインデックスだけを選択して投資しているとしたら、それはむしろきわめてアクティブな選択だったといってもよいでしょう。世界には、日経平均株価や東証株価指数（TOPIX）だけでなく、NYダウやS&P500（米国）、FT100（英国）、DAX指数（ドイツ）、ハンセン指数（香港）というように、国ごとにさまざまなインデックスがあります。日本株の指数に投資するということは、これだけたくさんある世界中の株価インデックスのうち、たったひとつだけを選択しているわけですから、それはアクティブ運用そのものなのです。

アクティブ運用は、その局面、局面で市場全体よりよい運用実績が出せると思われる投資対象を選別し、そこに集中して資金を投下します。攻めの姿勢の投資法です。

アクティブ運用の対極はパッシブ運用です。パッシブ運用というのは、文字どおり「受動的な」投資方法です。より高いパフォーマンスが期待できるものを探し、そこに資金を投下するのではなく、すべてのものに万遍なく分散して、市場全体のリターンを得るというのが、パッシブ運用の要諦です（**図表2－6**）。

ですから、日本株のインデックスのみに投資するのは、きわめてアクティブな運用法なのです。本当の株式パッシブ運

図表 2-6 ● アクティブ運用のイメージとインデックス運用のイメージ
――市場の動きに沿うのか否か？

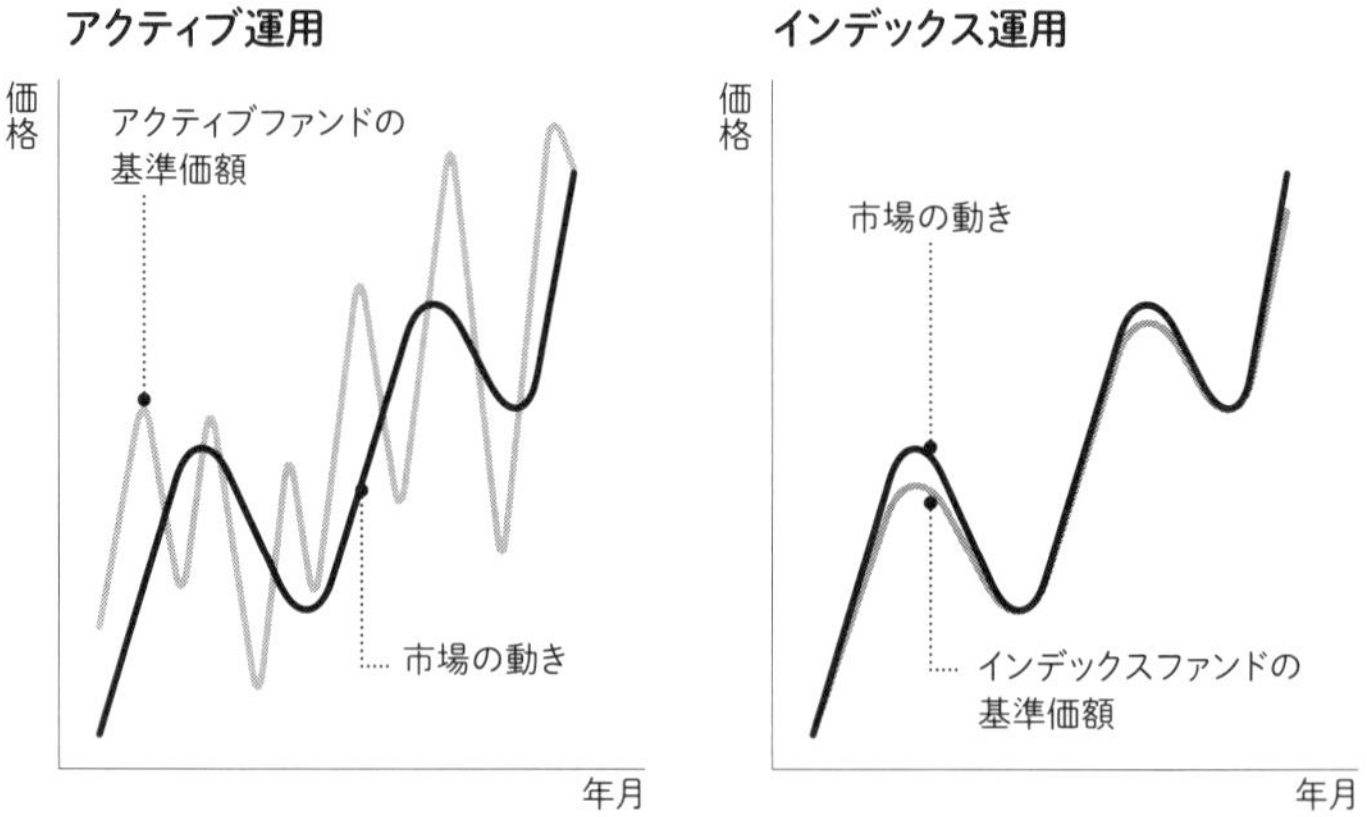

用は特定の国の株価インデックスに収益を大きく左右されないように、世界中の株式市場の主要銘柄すべてに分散投資するという手法を取ります。もちろん、そのなかには日本株も新興国株も先進諸国の株もすべて含まれます。

確かに、この二十余年、具体的には1989年12月から2012年10月前後までの23年間、大局的にみれば日本の株価は低迷を続けました。しかし一方で米国株は過去最高値を更新し続けていますし、ドイツのDAX指数も堅調に推移しました。世界中の株式市場に分散投資する手法を用いれば、日本株のパフォーマンスが大きく下落していたとしても、リターンを享受できたわけです。

なぜ、このようなことが起こったのかといえば、日本の経済はデフレで低迷していたのに対し、世界全体でみればグローバル化、情報化の波に乗り、企業は活動範囲を大幅に広げ、その収益を拡大したからです。前述の日本市場のパフォーマンスを指摘し「インデックス運用は机上の空論である」という方は、日本という狭い井戸の中しか見なかったということになります。井戸の外にはグローバル市場という大海があるのです。

世界中の主要企業に分散投資するというと、いかにも大量の資金が必要なように思いますが、いまはありがたいことに投資信託で1口1万円以下でも買えるようになっています。これを活用しない手はありません。

Section 2-6

投資成果を確実に向上させるさまざまなコストの削減

投資信託にはさまざまなコストがかかっている

コストの違いは、とくに投資信託に投資する場合においてパフォーマンスに大きな影響を及ぼすだけに、しっかりチェックしておく必要があります。

投資信託の場合、次のようなコストがかかり、それはファンドの保有者が負担するしくみになっています。

●購入手数料

投資信託を購入する際、販売金融機関に対して支払うコストです。ファンドによって料率は異なりますが、たとえば日本株に投資するアクティブ運用のファンドだと、購入金額に対してふつう2%くらいの購入手数料が取られます。購入手数料は販売会社により同じファンドでも異なることがあります。「ノーロード」と呼ばれる購入手数料が無料のファンドもありますので、買付に際しては、各販売会社の購入手数料を比較してみることをオススメします。

●運用管理費用

以前は「信託報酬」と称されていましたが、現在は「運用管理費用」という名称で統一されています。ファンドを運用する投資信託会社、資産を管理する受託銀行、分配金や償還金の支払い業務を行なう販売金融機関の三者に対して、信託財産のなかから支払われるコストです。これもファンドによって料率はまちまちですが、一般的にはインデックスファンドに比べてアクティブファンドのほうが料率を高く、日本株よりも海外株、とりわけ新興国株に投資するファンドのほうが料率を高く設定しています。なお、この費用は販売会社による差異はありません。

●売買に伴うコスト

ファンドに組み入れる株式や債券の売買をするときには、委託売買手数料を証券会社に支払うことになります。売買の頻度が高まるほど、委託手数料の負担は重くなります。必要以上の売買があればその分、投資家の資産は目減りします。

さらに、投資信託のように、ある程度大きな資金で売り買いを行なうと、行動を起こすだけで価格が乱高下してしまうケースがあります。予定よりも高い値段でしか買えなかったり、予定よりも安い値段でしか売れなかったりするわけです。このようにファンド自体の取引が価格に与えてしまう影響を「マーケット・インパクト」といい、ファンドの保有者にとってはコストになります。

投資信託は個人が資産運用をするうえでなくてはならない投資対象ですが、このようにコストもかかるのです。わずかなコストの差も長期にわたると大きな差を生むことになります。少し大きな買い物をするときには誰でもその商品のメーカーや性能を調べ、値段の比較もすると思います。まして投資信託は長期にわたる高い買い物です。ですから、投資信託を選ぶに際してもきちんとコストを比較して、なるべく低いものを買うことが大切です。

インデックス運用のコストは安い

アクティブ運用は市場以上のパフォーマンスを狙います。そのためには大量のデータや資料を購入したり、一流のエコノミストやアナリストをずらりと揃えたりする必要があり、会社訪問なども折にふれて行なわなければなりません。もちろん、これらには費用がかかります。つまり、市場以上のパフォーマンスを得ようとするとコストがかかるのです。そのコストは運用管理費用として投資家が負担することになります。

一方、インデックス運用は最初から市

図表 2-7 ◎ コストが長期的な運用結果に与える影響は?
——長期になるほど差は大きくなる

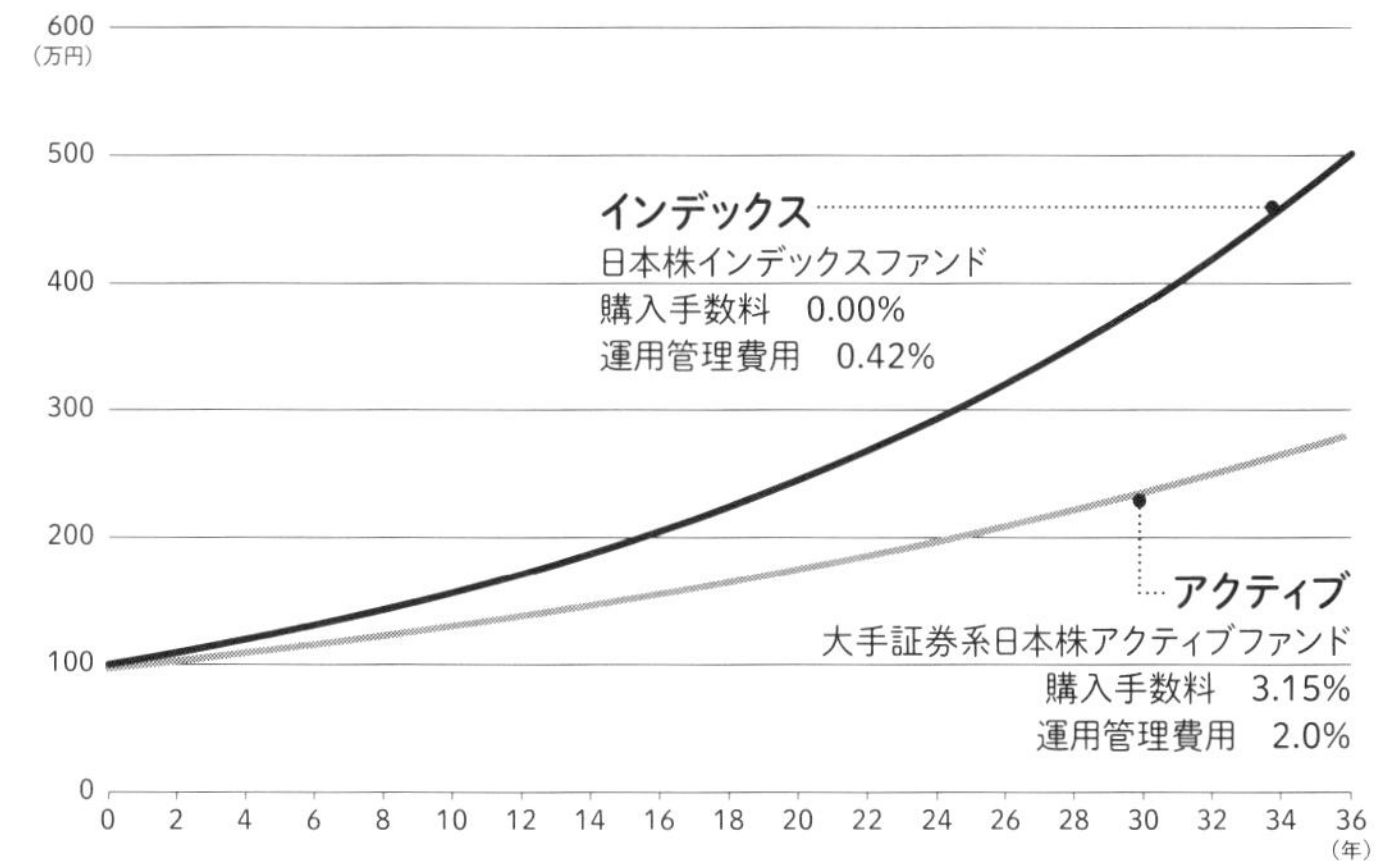

場並みのパフォーマンスを狙っているので、そのような大量の費用はかかりません。その結果、インデックス運用の運用管理費用はふつう、アクティブ運用のファンドよりもずっと安いのです。つまり、インデックス運用は安い費用で平均を狙う、アクティブ運用はコストをかけて平均以上を狙う戦略であるといえます。

ここで投資信託のコストが長期的な運用でどのくらい大きなインパクトを持つのかをみてみましょう。前ページ**図表2－7**は日本株の代表的アクティブファンドとインデックスファンドのコストを例として使い、コストのインパクトを比較したものです。両者に100万円を投資したとして、以後毎年5％のリターンを両者が上げた場合をみたものですが、いかにコストの違いが大きな資産の差を生むか理解できると思います。

いろいろな種類のアクティブファンドを買うのはムダ

このように、投資信託にかかるコストにもさまざまなものがあります。コストに関連してもうひとつ重要なことをお話しておきます。分散投資が重要であることを理解された方が、さまざまなアクティブ運用のファンドを購入することがあります。たとえばAファンド、Bファンド、Cファンドと複数のアクティブ運用のファンドを購入した結果、トータルでみたら、結局、市場の主要銘柄をすべて持つことになり、インデックス運用ファンドと同じような投資になってしまっているようなケースです。この場合、複数のアクティブ運用ファンドを通じて、多くの銘柄に分散投資しているわけですから、インデックス運用に近いパフォーマンスしか出せなくなってしまうのは、当然のことといってもよいでしょう。

つまり、複数のアクティブ運用ファンドに分散投資するということは、市場全体のパフォーマンス・マイナス・割高なコストのリターンしか得られないことを意味します。

それならば、最初からもともとコストの安いインデックス運用のファンドを購入したほうが、負担するコスト、得られる投資成果といった面でも有利だといえます。

「貯める」から「殖やす」の発想へ

「貯める」と「殖やす」は違う

多くの方が自分の将来を心配して「お金を貯める」ことを行なっています。しかし、よほどの高給取りでなければ、ただお金を貯めるだけでは目標とする金額には届きません。ミドルは生活費、子どもの養育費・教育費、住宅費などの負担があり、そのうえ、将来の資金を準備する必要があります。そこで「お金を殖やす」という発想が必要なのです。

それではどうしたらお金は殖えるのかといえば、お金を活用することが必要です。将来必要とするお金はいますぐ必要なわけではありません。しかし、世の中にはいますぐお金が必要な会社もあります。そのような会社にお金を融通してあげる。その企業は事業を通して世の中のためになることを行ない、収益を上げる。そして、その収益の一部がお金を融通してあげた人、つまり、投資家のもとにリターンとして戻ってくるのです。

いまから20年ほど前であれば、お金を貯めるという発想でも、ある程度は資産運用ができました。20年前の1994年は株価や地価はピークを打ち、下落局面に入っていましたが、まだ実体経済はそれほど厳しい状況にはなく、少しはバブルの残り香があった時代です。そのころは、まだ日本の経済も相応のペースで成長していましたし、社会保障制度に関しても、すでに少子高齢社会に入ってはいたものの、何とかなるとほとんどの人が思っていました。また、世間全般で給料も年々上がっていましたし、年功序列賃金や終身雇用制度も維持されていました。

このような時代においては、投資や資産運用のことを真剣に考える必要はとくにありませんでした。何しろ、働いてさえいれば給料は徐々に増えていきますし、年金が減額されるリスクなども考える必要がなかったからです。

銀行預金は「貯める」、投資は「殖やす」

銀行預金の金利を見ても、徐々に低金利に向かって金利水準が下がっていたとはいえ、当時の長期金利は4%程度で推移していたのです。長期国債の利回りが4%もあれば、無理して投資や資産運用に手を出さなくても、銀行の定期預金などにお金を預けておくか、あるいは長期国債を買っておくだけで、ある程度の利息は得られたのです。ちなみに1991年時点の定期預金金利は、1年物で5%程度でした。5%で10年間運用できれば、100万円が162万円になったのです。

しかし、それから20年で、世の中は大きく変わりました。多くの企業が年功序列の賃金や終身雇用制度を廃止し、積極的にリストラを進めるようになりました。日本経済も成熟経済になり、かつてのような高い成長率は期待できない状況となりました。超高齢社会と人口減少社会の到来によって、年金制度をはじめとする社会保障制度も、非常に厳しい状況に置かれています。もちろん、預金金利も下がりました。

銀行預金はほとんど「貯める」機能しかなくなり、「殖やす」ための対象ではなくなってしまいました。しかし、多くの方がいまだに貯蓄に「貯める+殖やす」機能を期待しているのです。これからは、預金は「貯める」ため、投資は「殖やす」ためという割り切りが必要なのです。

Superior Management Skill of

Defined Contribution Plan

第3章

確定拠出年金で何をどういう割合で買ったらよいのか？

Section 3-1

デフレからインフレへ頭を切り換えよう

アベノミクスで日本経済の方向は変わった

第二次安倍政権は、その前の政権に比べて、何が大きく違っているのでしょうか。それは「何もしない政治から、何かをする政治に変わった」ことです。

もちろん、何かをした結果が１００％成功するということはないでしょう。１００点満点はそう簡単に取れないのと同じです。アベノミクスは魔法の杖ではありません。状況は常に変化しています。ある時点で正しいと思うことをしてもそれがいつもうまくいくことはありません。しかし、うまくいかなくなったら軌道修正すればいいのです。ただ、何かがとにかく動き出したことは間違いありませんから、資産運用をする場合にも、その点をきちんと考えて行なうべきだと思います。

では何が始まったのでしょうか。すでにニュースなどで散々報道し尽くされていますから多くの方がご存じかと思いますが、アベノミクスといえば「三本の矢」です。つまり「量的金融緩和」が第一の矢、「積極的な財政出動」が第二の矢で、「成長戦略」が第三の矢というわけです。

このうち第一の矢は、２０１３年4月に実行された通称「黒田バズーカ」つまり異次元金融緩和であり、これが行なわれてから、日本の株価は本格的に上昇し、かつ円安が進んだことからも、一応の成果をみたといってよいでしょう。

第二の矢である積極的な財政出動も、昨今、国土強靭化計画のもと、道路や橋、トンネルなどインフラの再整備がいたるところで行なわれていることからも、実感できるかと思います。２０２０年に東京でのオリンピック開催が決まったのも大きな刺激材料です。

ただ、いまもなかなか実感できないのが、第三の矢である成長戦略です。第三の矢の主役は企業などの民間部門です。政府は民間企業が動きやすいように、たとえば「特区」を設け、規制緩和を行なうなど、さまざまなインセンティブを企業側に付与することで、民間企業がやる気を出してくれるようにしようとしています。しかし、そうした動きを受けても、民間企業がやる気を出さないと成長戦略はなかなか前に進みません。だとすれば、実際の成果が目に見えるようになるまでには、かなりの時間を要するのも事実です。ですから、個人投資家としては、目先の現象で判断するのではなく、長い目で見て、成長戦略の良し悪しを見極めることが大切です。

アベノリスクにも注意しておく

2013年中に日経平均株価が54％程度上昇したことをみれば、アベノミクスのスタートは順調といってもよいと思います。しかし、一方でアベノミクスのリスク、「アベノリスク」についても、認識しておく必要があります。

経済面では、それはインフレであり増税です。先にも述べましたが、これは大切な状況認識なので、もう一度、ここで説明しておきます。日本が抱えている大きな問題が、巨額に膨れ上がった財政赤字であることは、言を待ちません。いまのところ、政府債務のほとんどは日本国内の投資家が保有しています。政府の借金のほとんどが国内の資金で賄われているという状況が今後も続くのであれば、日本国債がデフォルトする恐れはないでしょう。

なぜなら、政府は国民に対して徴税権を持っているからです。簡単にいえば、政府の判断で税率を引き上げられるということです。また、経済政策によってインフレ的な状況を誘導することもできます。物価が上昇すれば、政府債務の価値は、実質的に減価していきます。仮に年2%ずつ物価が上昇したら、政府債務の価値は、毎年2%ずつ減価するということです。債務が実質的に目減りするのはお金を借りている政府にとってはよいことでしょう。しかし、お金を貸している民間部門にとっては、これは困ったことです。

財政再建の負担は私たちが負うのです。もちろん、インフレが進む一方で金利が上昇すれば、資産価値が目減りするリスクを一部であっても相殺することができます。しかし、アベノミクスは「景気を回復させると同時にマイルドなインフレにしつつ、異次元の金融緩和は継続する」というスタンスですから、仮に2%のインフレが実現したとしても、それに伴って金利は上昇しないということも十分に考えられます。

すでに消費税は増税路線を走っていますし、消費者物価指数も目標値である2%に向けて、徐々に上昇してきています。これはいうまでもなく、政府が財政再建に向けてさまざまな手を打ち始めたことの証左といってよいでしょう。だからこそ私たちは、そうした経済政策の結果として予想される増税やインフレに対する対抗策について、自分で考えて自分で行動する必要があります。まさに、前述のごとく、「政府に政策あれば、国民に対策あり」の時代なのです。

Section 3-2

インフレになると預金だけでは資産が目減りする

物価が上がって預貯金金利が上がらない状況

アベノミクスにおけるインフレと金利の関係について、もう少し詳しくみていきましょう。

基本的に預貯金金利の水準というものは、物価上昇率を上回るのがふつうです。

預貯金金利＞物価上昇率

なぜなら、定期預金であれば、定められた期間は解約できないという制約がつくので、それを補うだけの金利が物価上昇を差し引いた実質金利に上乗せされるからです。また、預金の場合でも、銀行に預けるということは、非常に可能性は小さくてもリスクがあるからです。

しかし、原油価格が急騰したり、消費税率が引き上げられたりするなど、突発的に物価を押し上げる状況に直面した場合は、これが逆になることがあります。過去において1980年、1997年、2007年など、そのようなケースはありました。

いずれの場合も、「預貯金金利＜消費者物価上昇率」という異常事態が長く続くことはありませんでした。大体、1年もすれば物価上昇が落ち着き、再び「預貯金金利＞消費者物価上昇率」という正常な状態に戻ったのです。

今回、アベノミクスによるインフレターゲット政策と量的金融緩和によって、再び消費者物価上昇率が預貯金金利を上回っています。このように物価上昇率が名目金利を上回ることを「実質金利がマイナスである」といいます。今回の場合、これまでのデフレの深刻さに加え、グローバル化や社会経済構造そのものが大きく変化していることもあり、両者の関係が正常の状態に戻るまでには、かなりの時間を要することになりそうです。

「実質金利マイナス」の状態は長期化する

なぜ実質金利マイナスの状態が長期化すると考えられるのでしょうか。その根底にあるのが、目下、日本政府は財政赤字の軽減を並行して進めなければならない状況にあるということです。

国債を発行した場合、それを購入した投資家に対して、元本だけでなく利子も返済しなければなりません。この元利金の返済については、一般会計予算のなかで「国債費」として計上されていますが、物価が上昇して金利も上昇すると、利子負担が重くなってしまうという問題に直面します。「金利上昇→利払い負担増→財政赤字のさらなる悪化」ということになったら、元も子もありません。まさに借金地獄です。

だから、政府としては物価が上昇しても、金利が上がるのを阻止したいと考えるのは当然です。経済学的に考えると、物価水準が上昇するなかで金利は低位に安定を続けるというのは、非常に不自然なことなのですが、おそらく安倍政権は、それを実現させようとしているのではないでしょうか。そうすれば、インフレによって借金返済負担が軽くなるだけでなく、発行した国債の利払い負担が重くなることを回避できます。まさに苦肉の策といえるでしょう。

いままではただ現金をしまっておけばデフレでお金の購買力が増加していました。しかし、これからは「インフレによる購買力の減少」を常に頭の片隅に置いておく必要があります。購買力を維持することの必要性が高まっている、だからこそ、資産運用を真剣に考える必要があるのです。

Section 3-3

インフレから資産を守るための手段は？

マイルド・インフレへの備えが必要

2%というインフレターゲットの実現可能性については、「無理ではないか」という意見があるのも事実です。

2013年11月時点の消費者物価指数は、前年同月比で1・2%の上昇となりました。この数字をみると、ようやくデフレを脱却し、2%のインフレターゲット実現も、決して夢物語ではないと思ってしまいますが、実はこのところの物価上昇は、多分に円安要因が含まれています。何しろ、1ドル＝75円台から106円台まで円安が進んだのですから、それが物価にまったく影響しないということは、ありえません。とくに日本のように、海外から資源・エネルギーや食糧の多くを輸入している国にとってはなおさらでしょう。

本来なら、国内の需要が高まり、物価の上昇に波及していくのが理想的です。そのような形で2％の物価上昇が達成されたら、日本はいよいよデフレ経済から脱却できたと判断してもよいでしょう。しかし、現状は円安要因が多分に含まれているので、本当の意味で2％の物価上昇を実現できるかどうかは何ともいえない、というのがインフレターゲットの実現可能性を懸念している専門家たちの意見です。

では、どうなるのでしょうか。誰しも確たる予想はできないと思いますが、私は、それでもマイルドなインフレに対して備えておく必要があると考えます。要はインフレターゲットの実現が重要な目標である以上、それが実現するまで日銀は追加で金融緩和を実施する可能性があるからです。

日銀が経済・物価情勢の展望（展望レポート）を2013年10月に発表しました。そのなかに消費者物価指数（生鮮食品を除く）に関する政策委員の大勢見通しが記載されています。各政策委員が最も蓋然性が高いと考える数値から最大値と最小値を除いたデータの中央値は次のようになっています。

2014年度：プラス3・3％（消費税引き上げの影響を除くとプラス1・3％）
2015年度：プラス2・6％（消費税引き上げの影響を除くとプラス1・9％）

仮にこの予想どおりとなり、その後、政府の目標とするインフレ率である2％が続いたと仮定しましょう。その場合、10年後の２０２３年末には、２０１４年度のはじめに１００万円で買える消費者物価指数に含まれる商品やサービスの価格が約１２４万円になっている計算になります。

これを言い換えれば、おカネの価値、購買力がそれだけ減るということです。逆算すると、１００万円がいまの価値で約81万円へ目減りすることになります。

これらはあくまで仮定に基づく計算で、現実がこのとおりになるかどうかはわかりません。しかし、投資は所詮、わからないことを対象としているのです。いままではデフレで現金さえ持っていれば購買力は増加していたのです。しかし、これからは状況がかなり変わってくるのではないかと思います。パニックになる必要はありませんが、購買力を維持するための備えが必要です。

インフレに強い資産は何か？

さて、そうした状況認識のなかで、どのように資産運用を進めていけばよいのでしょうか。次に資産全般について、インフレとの関連性をみていきましょう。

まず、マンション購入を考えてみましょう。たとえば3000万円のマンションを、可能かどうかは別として全額ローンで買ったとしましょう。その後、あっという間にインフレが起こり、マンションの価格が4000万円に値上がりしたとします。これは買った人はうれしいでしょう。しかも、借りたローンは3000万円のままです。逆にいえばお金を貸した人はがっかりしていることになります。

反対にデフレだったら、買ったマンションが2000万円に値下がりしても、借りたローンは3000万円のままです。この場合、買い手ががっかりして、お金を貸した人はよかったと思うでしょう。

つまり、インフレのときはモノを持っている人が得をして、お金を貸した人が損をします。デフレのときは反対で、モノを持っている人が損をして、お金を貸した人が得をします。

株式は物的資産の裏付けがあります。つまり、株式を持つことは会社のオーナーとなることで、会社の資産を保有していることなのです。一方で債券を保有するということは会社にお金を貸しているということです。このことを理解して株式と債券の関係をみてみましょう。

①株式

株式がなぜインフレに強いかを知るうえで、パン屋さんの話にたとえるとわかりやすくなります。

あなたのお友達にパン屋さんがいたとしましょう。製パン機などすべての設備や店舗などで500万円かかり、その資金全額を、このお友達はいままで貯めてきたお金で賄いました。朝から晩まで一所懸命に働いた結果、非常に人気が出てきました。事実、あなたも毎日のようにこの店のパンを買っています。連日のように行列ができているので、彼は事業の拡大を考えます。ちなみに製パン機1台、その他設備、店舗の施設などすべて含めてさらに500万円かかるとします。

ある日、お友達はあなたのところにきて、こう言いました。

「お店も順調なので、もっと事業を拡大したいんだ。500万円ぐらい何とかならないかな」

あなたがお金を出すとすれば、選択肢は2つあります。

ひとつは500万円を貸してあげるというもの。貸すけれども、毎年5%の金利を払ってもらい、5年目に500万円を返済してもらうという契約を結びます。これは、基本的に債券の考え方です。

これに対して株式の場合は、こう考えます。

「わかった。500万円を出してあげる。何年後に返済しろということも一切言わない。その代わり、パンを販売して儲かったときは、その利益を半々にしよう」

これが株式の考え方です。あなたはこのパン屋さんの共同所有者となるのです。

株式を保有するということは、企業の全資産から、その企業が借りているお金を返済した残りの資産を持っていることを意味します。つまり株式には、モノとしての価値の裏付けがあります。そして、そのモノは事業で活用され、付加価値を生み出すのです。

このようにパン屋さんに出資をする、つまり、株式を保有しておけば、将来、パンが値上がりしたとしても大丈夫です。パンが値上げされると、その分、あなたの購買力は減ります。しかし、パン屋さんの株式を保有していれば、パン屋さんが値上げで儲かった利益の半分はあなたのところにくるのです。つまり、それで値上がりを一部であってもヘッジできるのです。

一方、パンの値上げの理由が、店の人気が高まったからではなく、たとえば主な原材料である小麦の値段が上がったからだとしたら、そのパン屋さんにはインフレによる利益がありません。しかし、あなたがパン屋さんに出資しているだけではなく、小麦を生産・販売している企業の株式も保有していたら、その会社に生ずる値上げによる利益の一部を回収することができます。

もちろん、あなたはパンだけで生活をしているわけではありません。あなたの生活はいまや世界中の産業・企業によって支えられています。ですから、世界中の企業に幅広く株式投資していれば、インフレに対抗する手段になるのです。これが株式はインフレに強いといわれる理由です。

②債券

インフレというのは、要するに、全般的な物価水準が上昇することを意味しています。たとえば、いままでインフレ率が年1％だったものが年2％になったとします。そうすると、いままで年2％の金利をもらえる債券で満足していた人が、年3％の金利でないと満足しないようになります。そこで、以前の債券を持っていた人は、それを売って、金利が年3％の新しい債券を買ったほうが得だと考えます。その結果、2％金利の債券はインカム・リターンとキャピタル・リターンを合わせて採算が取れる水準まで価格が低下することになります。したがって、インフレ下では債券に投資することは不利というのが基本的な考え方となります。

債券の価値というのは事前に定められたキャッシュフローを発行会社の収益にかかわら

ずもらえることから発生します。もし、約束したキャッシュフローを支払うことができなければその会社は債務不履行ということになります。その意味では収益に関係なく安定したキャッシュフローがもらえるという安心感はありますが、インフレが起こっても事前に決まったキャッシュフローしかもらえないので不利になってしまいます。これは先ほどみたマンション購入の例でおわかりと思います。

ところで、米国をはじめとする海外では、物価連動国債が個人の資産運用の重要なツールとなっています。物価連動国債は、元本が消費者物価指数（CPI）に連動します。償還期限が10年としてその間に物価が20％上昇すれば、償還時の元本が発行時点の100から120になります。また、償還までの期間中に物価が上昇した場合には、元本部分が増加するため、受取利子の額も増えます（次ページ**図表3－1**）。

したがって、物価連動国債を保有しておけば、実質的にインフレリスクはヘッジできることになります。しかし、日本では現時点で、まだ個人向けの物価連動国債は発行されておらず、機関投資家のみが購入できるに止まっています。もし個人で物価連動国債に投資したいという場合は、物価連動国債を組み入れて運用する投資信託が数本設定されているので、それを購入することになります。

なお、日本でも2015年より物価連動国債を個人が買えるようになります。ただ、当面、額面で財務省から直接買うのではなく、金融機関が落札したものを個人が買うことになる見通しです。この場合は完全なインフレ・ヘッジとはならない可能性があります。個人にとって最適なかたちでの買付けができるようになることを強く望みます。

③実物資産、FXなど

実物資産とは金などの貴金属、不動産、原油や農産物などの商品のことです。一般的に、インフレになるときは金が買われるといわれますが、金そのものは価値を生むものではありません。それが株式との大きな違いです。株式は企業の資産を保有しているので、その資産が利益を

図表 3-1 ● 物価連動国債のイメージ

（前提／額面金額100億円、表面利率2%、10年満期）

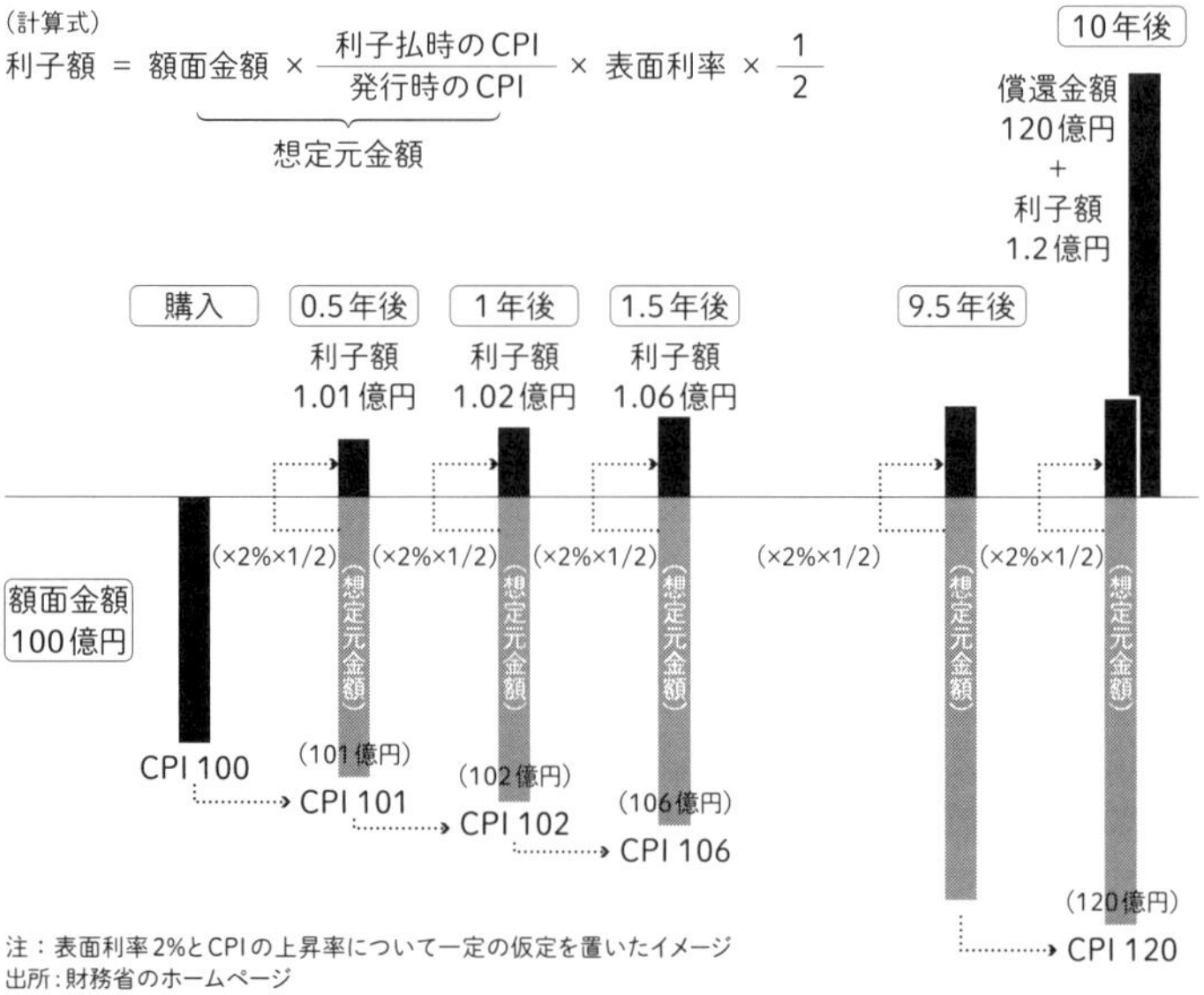

注：表面利率2%とCPIの上昇率について一定の仮定を置いたイメージ
出所：財務省のホームページ

生み出しているのです。しかし、金はそのようなことはありません。たんにお金との交換価値で値段が決まっているだけです。金を分散投資の一環として保有することは意味があるかもしれませんが、保有するにしても数％ぐらいの金額にとどめておくべきではないかと考えます。

実物資産のなかで注目したいのは不動産でしょう。土地・建物はそこから定期的に収益を得ることができます。かつインフレになれば、不動産そのものの値段だけでなく、賃料が上昇するケースもあり、その点でインフレリスクをヘッジできる可能性が高まります。

ただ、賃貸用の不動産を投資対象として持つといっても、なかなかテナントが見つからなかったり、管理や補修などの手間がかかったりするものです。そこで不動産投資信託が注目されます。ＲＥＩＴ（リート）と呼ばれる投資信託に類似した商品で、たくさんの人が出したお金をまとめていろいろな不動産物件に投資し、その賃料を投資家に分配金として支払ってくれるしくみになっています。利回りの高いＲＥＩＴも多く、分配金を必要とする方にはよい投資対象ではないかと思います。ただし、あまりに高い利回りのものは何か問題がある可能性もあるのであくまで中身をよく吟味する必要があります。

ＦＸはドルとか、ユーロとか、オーストラリア・ドルなどの外貨を取引するものです。為替も金と同様、たんなる交換価値で、それ自体が価値を生むものではありません。ですから、基本的には短期取引の対象です。しかし、われわれの生活は世界中の産業、企業によって支えられていることを考えれば人生を通じての資産運用で外貨を持つことは大切です。

たとえば、もし、収入のかなりの部分をフランス・ワインに使う人がいたとして、ユーロが高騰すればフランス・ワインが値上がりして生活は苦しくなります。しかし、資産の一部をユーロにしておけばその資産の増加で少しはユーロ高をヘッジすることができます。同じようなことはすべての商品についていえます。

だからといって短期取引のFXをする必要はありません。外国株や外国債券を保有していれば自動的にそれぞれの国の通貨も保有していることになるからです。

Section 3-4

年齢に応じたアセット・アロケーションの基本

株式の比率は「100マイナス年齢」

資産とインフレの関連性に基づいて、ここからは、インフレから資産を守るためにどのような組み合わせで資産運用をしていけばよいのかについて考えてみましょう。

確定拠出年金は、次のような金融商品を投資対象とすることができます。

- 預貯金
- 公社債
- 投資信託
- 株式

- 金銭信託
- 貸付信託
- 保険商品

など

このなかには、株式や投資信託のようなリスク性資産もあれば、預貯金や公社債、金銭信託、貸付信託、保険商品などのような元本確保型に近いものもあります。各社によって異なりますが、確定拠出年金の運用先メニューには、これらのうち特性の異なる3つ以上の商品を用意する必要があります。そして、そのうちのひとつは、元本確保型の商品でなければなりません。

以上を前提に、投資する商品の組み合わせをアセット・アロケーション（資産配分）という観点からみていきましょう。

実は最適なアセット・アロケーションは一人ひとりみな異なります。個人個人によって保有資産の額、収入の額と安定性、家族構成、本人の性格などにより、みな「あるべき姿」は違います。そのなかで一般的にすべての人に共通なのがライフステージ、つまり年齢です。そこで、年齢に応じて基本的なアセット・アロケーションをどう変えていくべきかを解説します。

前述したトランペットチャートの話ではありませんが、確かに保有期間を長めに取れば取るほど、リスク資産の価格のブレは小さくなります。しかし、それは長く持ち続けた場合の話で、単年で価格の変動をみれば、やはり価格のブレは大きなままです。

若いうちなら資産の成長性を重視したポートフォリオが望ましいため、リスク資産の比率が高くてよいのです。仮に、ある年に暴落があっても長い投資期間のうちにはそれを相殺するような急騰局面もあるかもしれません。長期保有をしていれば自然に平均的なリターンに収れんするのです。しかし、高齢になり、年金以外の収入がなく、それまで蓄積した資産を使う立場になったときは、リスク資産の比率を下げて、価格のブレから資産を守らなければなりません。

一般に全資産に対する株式の比率は「100マイナス年齢」がよいといわれます。たとえば30歳なら株式を7割、50歳なら5割、80歳なら2割といった具合です。これは直感的に「年齢とともにリスクを下げていく」ことがわかるという点で優れた指標だと思います。私はそれをもっと単純にして、年代を3つに分けて見直すのがよいのではないかと考えています。具体的には、

①50代半ばまで：積極型（株式：8割、債券：2割）
②50代半ば～70歳：成長型（株式：5割、債券：5割）
③70歳以降：安定型（株式：2割、債券：8割）

となります（図表3－2）。

定年後にはリスク資産をすべて外し、債券など価格変動リスクの小さな資産のみで運用すべきだと考える方も多いのですが、私は少なくとも60代後半から70歳ぐらいまでは、ポートフォリオの半分くらいをリスク資産による運用に振り向けてもよいと考えています。なぜなら平均寿命が年々、長くなっているため、定年

図表 3-2 年齢に応じた３つの基本ポートフォリオと株式比率
――年齢とともにリスクを下げていく

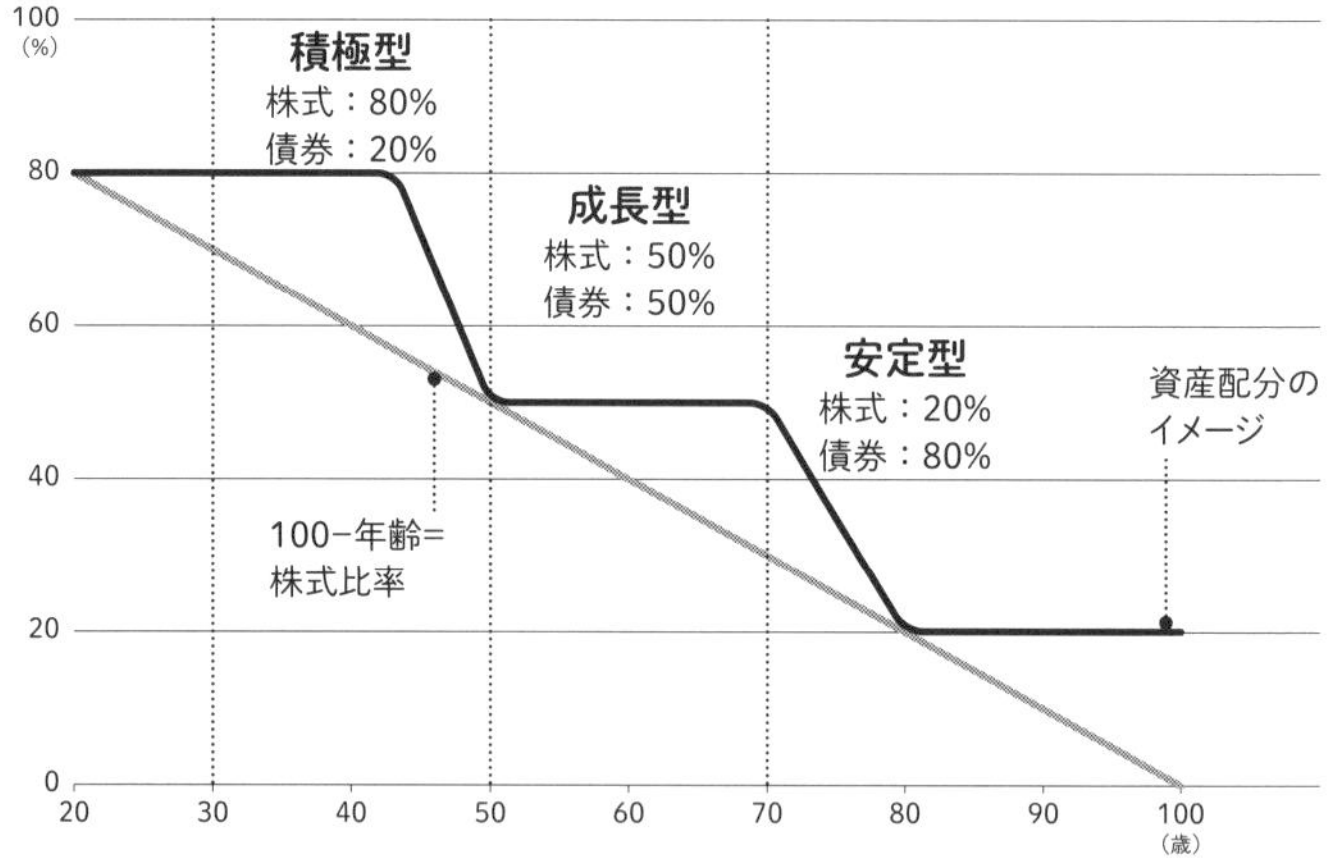

後に必要とされる資金がかさむ恐れがあることに加え、長期のインフレリスクへの耐性を強めておく必要があるからです。

また、70歳以降のポートフォリオでも、同じ理由で株式を2割ぐらいは組み入れておいてもよいでしょう。ただ、これは前述のように保有する資産の額や個人的な状況によって左右されます。当然のことながら、自分の資産を管理できるだけの能力があることが前提です。

一概に絶対に2割とはいえませんが、要は「高齢になるほどリスク資産は減らすべきである、しかし、若干のリスク資産は残しておいてもよい」ということです。

アセット・アロケーションを説明するときに、お弁当を自分でつくることを考えるとわかりやすくなります。ここでリスクはカロリーとします。若いうちは活動量も多いのでハイ・カロリーのトンカツやステーキをメインにしたお弁当でもいいのです。しかし、中年になったらハイ・カロリーなメニューは減らして魚などを中心にするほうがよいでしょう。そして、シニア世代になれば野菜中心で肉や魚は少な目ということになります。

ポートフォリオの「期待リターン」を計算してみよう

株式や債券でポートフォリオを組むにあたっては、それぞれどの程度のリターンが期待できるのかを把握しておくとよいでしょう。

もちろん、株式投資は株価も変動し、配当も預貯金と違って確定利付ではありませんから、将来、どの程度のリターンが得られるのかを正確に把握することはできません。あくまでも、長期的な期待リターンということで、過去のデータや、今後のマーケット動向などを総合的に勘案したうえで数字を算出します。

株式や債券など投資対象を大きく分類したカテゴリーを「資産クラス」といいます。ポートフォリオの長期的な期待リターンを算出するうえで、資産クラスごとのリターンを予測することが必要です。これにより、複数の資産を組み合わせて運用するにあたって、ポートフォリオとしてどのくらいのリターンが期待できるのかを大まかに把握することができ、その利回りで運用を続けた場合、将来の一定期間後に、投資資金がどのくらいになっているのかも予測できます。

あるいは将来、これだけの資産を築くために、この期待リターンをベースに運用を続けた場合、運用期間はどのくらい必要なのかということも計算できます。

資産クラス別の期待リターンについては、なかなか自分で算出するのはむずかしいものです。そこで、日本を代表する年金運用機関である「年金積立金管理運用独立行政法人（GPIF）」が用いている期待リターンを参考するのが妥当ではないかと思います。

GPIFの中期計画（基本ポートフォリオ）に採用されている資産クラス別の期待リターンは、次のようになります（カッコ内の数字は1973〜2012年のリスクです）。

国内債券：3・0％（6・5％）
短期資産：1・9％（3・59％）
国内株式：4・8％（22・48％）
外国債券：3・2％（12・90％）
外国株式：5・0％（22・48％）

これらの数値はあくまで過去の実績に現在の状況を加味してつくられたものです。したがって、予想以上にインフレが高進するなどの現象が起これば変わってきます。

現在の予測をもとに考えると、国内株式と外国株式に分散投資した場合の期待リターンはほぼ5％程度と考えてよさそうです。また、債券についても、国内債券と外国債券でみると3％程度というところでしょうか。しかし、ここでは今後の物価上昇率を少し上回る水準ということで2・5％と低めに仮定しておきましょう。

そうすると、株式8割・債券2割の積極型ポートフォリオであれば「5％×0・8＋2・5％×0・2＝4・5％」が期待リターンだということになります。同じように計算すると成長型では3・75％、安定型では3％ということになります。この程度のリターンを長期的に期待できるのであれば当面のマイルド・インフレのシナリオには対応できるのではないでしょうか。

なお、右記の予測のカッコ内の数字はリスクを示すと書きましたが、その見方を簡単に説明しておきましょう。2章でも少し触れたリスクとリターンの関係です。たとえば外国株の期待リターンは5％、リスクは22・48％（ここでは単純化して22・5％としましょう）です。これらの数値の意味するところは、「リスクを2倍した数値をリターンにプラス・マイナスした範囲に95％の確率でリターンが収まる」ということです。この例でいえば、リスクは22・5ですから、その2倍は45％です。リターンは5％ですから、「5％±45％＝50％〜-40％」ということになります。つまり、外国株式は1年間で5割高もすれば4割安することもあるということなのです。日本株についてもほぼ似たようなことになるでしょう。

モデル・ケースにみる資産形成と資産活用

ここで人生を通じての資産形成と資産活用のモデル・ケースをみてみましょう。ここでは期待リターンが毎年とれると仮定しますが、現実にはリターンは毎年上にも下にも大きく振れます。ですから以降はあくまで仮定に基づいたものであることをお断りしておきます。

このケースでは30歳の人が資産運用を始めたとします。毎年の積立金額は30代が年36万円、40代が年48万円、50代が年60万円、60代が年72万円とします。また、66歳からは毎年180万円ずつ引き出すことにします。

株式リターンは5%、債券リターンは2・5%と仮定すると、積極型ポートフォリオは年4・5%、成長型ポートフォリオは年3・75%、安定型ポートフォリオは年3%となります。そして、30歳から55歳までは積極型、56歳から70歳までは成長型、71歳以降は安定型とします。

その結果が**図表3－3**です。資産形成期のピークである65歳のときには資産は約3700万円になり、その後、資産活用期に入ります。資産は減少していきますが、100歳のときでも100万円くらいは残っていることがわかります。

これは毎年、期待リターンが確実にとれるという非現実的な仮定に基づく試算ですが、2つの大切なことがわかります。ひとつは早くから始めることが重要だということです。そして、ふたつ目が退職後も運用しながら使っていくことの大切さです。

図表3-3 ◎ モデルケースにみる資産形成と資産活用
――66歳からは資産活用期に

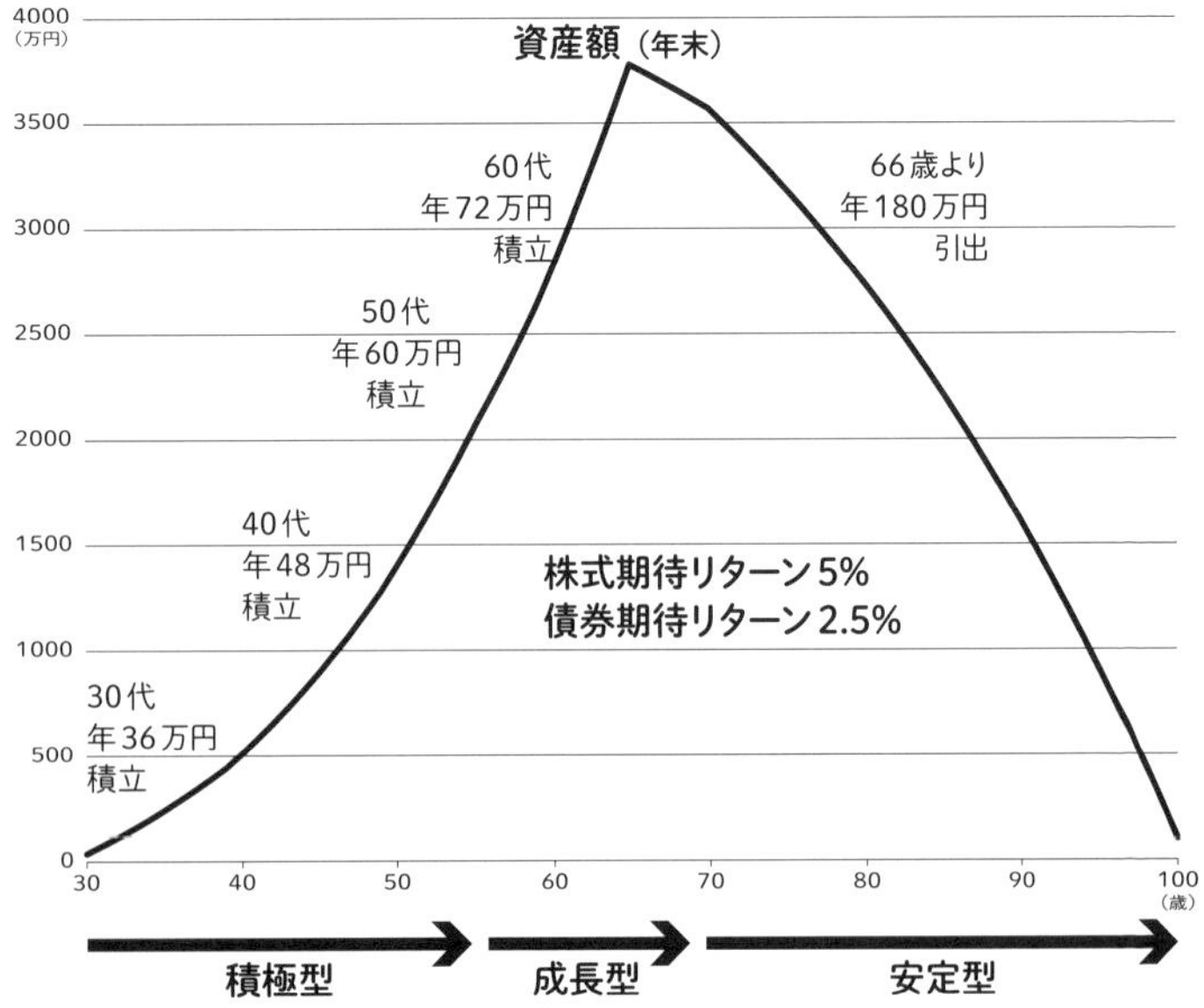

株式はインデックスファンドを活用する

では具体的に、どのような金融商品でこうしたポートフォリオを構築すればよいのかというと、パッケージ商品である投資信託を使うのが現実的です。少なくとも個人が、個別銘柄で国内外の株式、債券に分散投資するのは、ハードルが相当に高いと思っておいたほうがよいでしょう。

そもそも、外国企業に対して土地勘のない個人が、その会社の投資価値を見抜くのはむずかしく、リバランスや銘柄入替の手間なども考慮すると、仕事の片手間にできる作業ではなくなります。また、先にも触れたように個別銘柄の選択や売買のタイミングが、長期的にポートフォリオのリターンに及ぼす影響度は、それほど大きなものではありません。大事なことはアセット・アロケーションですから、個別銘柄をアレコレ売買するよりも、パッケージ商品である投資信託を活用すべきです。

そして、投資信託のなかでも私はインデックスファンドが望ましいと思います。まず、個別銘柄に煩わされることなく、しかもわかりやすいというメリットがあります。そもそもアセット・アロケーションを決める前提は市場全体のリスクやリターンの数値を使っています。ですから、アセット・アロケーションと整合性のある結果を得るためにはやはり市場全体のリスクを取って市場全体のリターンを獲得するインデックス運用が適していることになります。しかも、インデックス運用のコストは割安ですから長期的にはその差が大きなメリットとなります。

私は株式部分には、すでに述べた理由から全世界の株式を保有するべきだと考えています。全世界の株式と一口に言っても、日本株、アメリカなどの（日本以外の）先進国株式、新興国株式などがあります。さらにアメリカ、中国、ブラジルなど国ごとの株式市場に連動するインデックスファンドもあります。

1つの投資信託で全世界すべてをカバーできる投資信託もあります。このようなファンドがあれば、その1銘柄だけを持っていればあとは何もいらないことになります。しかし、世界の株式ファンドといっても、日本を除く外国株式（先進国株式と新興国株式）のみを保有するファンドしか取り扱っていないという金融機関も多いものです。さらに、販売会社によっては外国株ファンドを日本以外の先進国株ファンドと新興国株ファンドに分けているケースもあります。いずれにしても、取引のある金融機関によって購入できるもの、購入できないものがあるので、購入できない場合は、代替案を考えなければなりません。

株式の比率は「日本株を1、日本以外の先進国株を8、新興国株を1」

全世界の株式をどのような比率で持つべきかという点について、いちばん一般的な考え方は時価総額加重という考え方です。これは「それぞれの国の時価による市場規模を表す時価総額が世界のなかでどの程度を占めるかという比率に従って国別の配分をする」という考え方です。この考え方に従ったおおよその構成比のメドは、日本株10%、日本以外の先進国株80%、新興国株10%程度の配分で考えておけばよいでしょう。

多くの確定拠出年金は日本株インデックス、日本以外の先進国株式（コクサイと呼ばれています）インデックス、新興国株式インデックスファンドは品ぞろえとして持っていると思います。これらを1対8対1で買えばよいのです。毎月、その比率で買ってもよいし、また、いちばん構成比の大きい日本以外の先進国株式を積み立て、日本株と新興国株は6月、12月のボーナス時に買うというのでも結構です。

みなさんが取引のある銀行や証券会社などがどのようなファンドを取り扱っているかをよく確認して、できるだけ全世界をうまくカバーできるような株式ポートフォリオを組んでください。

なお、インデックスファンドについては、ＥＴＦ（上場投資信託）を活用するのも一法です。ＥＴＦは取引所に上場されている投資信託のことですが、通常の投資信託形態のインデックスファンドに比べると、運用管理費用などのコストが割安です。長期の資産運用ではコストがリターンに及ぼす影響が大きくなるため、ローコスト運用ができるＥＴＦは、活用する価値があります。

通常、確定拠出年金の商品メニューにはＥＴＦは入っていません。しかし、後述するように確定拠出年金に加えてＮＩＳＡを活用するのであれば、ＮＩＳＡ口座を開設する金融機関がＥＴＦを取り扱っていれば買い付けることが可能です（なお、現状では銀行はＥＴＦの取り扱いはできません）。

債券には物価連動国債を活用する

さて、債券に話を移しましょう。先ほどのアセット・アロケーションの前提で提示したのはあくまで固定金利のふつうの債券です。

資産運用でとくに注目するとよいのは前述の物価連動国債です。しかし、現状、物価連動国債は法人向けであり、個人向けには発行されていません。そこで、物価連動国債を組み入れた投資信託を購入することになります。

当面、債券部分についてはすべて物価連動国債を組み入れたファンドにしておき、2016年に個人向けの販売が始まった時点で、物価連動国債そのものを買い付ければよいでしょう。

あるいは確定拠出年金の枠が株式でいっぱいになる場合もあります。その場合はNISA口座を使いたいところですが、現行制度ではNISA口座で債券ファンドは買えないことになっています。その際は課税口座で買付を行ない、将来、NISAの制度改正があれば、その後はNISA口座で買うことになります。

Superior Management Skill of

Defined
Contribution
Plan

第4章

アセット・ロケーションのなかに確定拠出年金をうまく配置しよう

Section 4-1

アセット・アロケーションとアセット・ロケーションの違いは？

「何をどれだけ買うか」を考えるのがアセット・アロケーション

アセット・アロケーションについてはここまでに解説しましたが、「アセット・ロケーション」という言葉は聞いたことがない、という方は多いのではないでしょうか。

まず、アセット・アロケーションについてもう一度振り返っておきます。その前に資産クラスということを少しお話ししておきましょう。

投資対象をグループ化したものを資産クラスといいます。たとえば株式、債券というのも資産クラス、株式のなかをさらに日本株、外国株と分ける場合もありますし、さらに、外国株を先進国と新興国に分ける、また、国別に分けることもあります。要は決まった資産クラスの分類法はないのですが、あまり細かくしても複雑になりすぎます。私は、初心者はいちばん大きな分類である株式と債券で分ければよいと思っています。株式のリターンはキャピタル・リターン中心、債券はインカム・リターン中心ですから、中心とするリターンの違いで分類しているわけです。

この2つの分類に加え、為替による変動があるかどうかで株式を国内株式、外国株式、債券を国内債券、外国債券と分けることもできます。この場合、資産クラスは4つになります。

アセット・アロケーションとはつまり、「資産クラスごとに金融資産をどのように配分（アロケート）するか」ということです。

前章で3つの基本ポートフォリオを紹介しました。そのなかの積極型は株式が8割、債券が2割です。つまり、リスクの高い資産クラスである株式を多く持っているのです。成長型では株式は5割、債券も5割です。この場合は積極型よりもリスクを下げています。そして、安定型は株式2割、債券8割でかなり安全度を高くしてあります。これらはみな、アセット・アロケーションなのです。つまり、アセット・アロケーションで大切なことは、自分に合ったものを選択するということです。

「どの口座で運用するか」を考えるのがアセット・ロケーション

一方、アセット・ロケーションとはどういうことなのでしょうか。

「ロケーション」とは立地のことです。資産を運用する場所、つまり資産を「最適と思われる口座で運用する」ことを意味します。

最適と思われる口座というのは、主として税制面の恩恵を受けられるかどうかや、運用に際しての利便性の適否などで決めることになります。たとえば、米国であれば401kという確定拠出年金プランやIRA（個人退職勘定）など、税制面の恩典がある口座が複数あります。それらにどう資産を配すれば効率的な運用が期待できるのかということに関心を示す人は多く、それがアセット・ロケーションの考えにつながってきているわけです。

日本においては、どこで資産運用するかといえば、せいぜい銀行の口座か証券会社の口座かというように、いずれも同じ条件の課税口座がメインでした。そのうえ、デフレ下で資産運用などせず現金だけ持っていればよいという風潮もありました。そのため、アセット・ロケーションはアセット・アロケーションと比べてあまり深く検討されることはありませんでした。しかし、2001年に確定拠出年金がスタートし、さらに2014年からNISA（少額投資非課税制度）がスタートしたことによって状況が変わってきました。さらに今後も、いろいろなスキームが導入される可能性もあり、アセット・ロケーションが資産運用のうえで重要性を増してくるでしょう。現在でも企業によっては財形貯蓄の制度を設けているところもあります。この場合であれば、個人が1人で持てる口座は税制上、4種類あることになります。すなわち、

- **課税口座**（銀行、証券会社など）
- **確定拠出年金**
- **NISA**
- **財形貯蓄**

の4つです。とはいえ、財形貯蓄はすべての企業で加入できるものではありませんので、以下では課税口座と確定拠出年金、NISAという3つの口座を中心に、アセット・ロケーションについて考えてみたいと思います。

資産運用は計画的に行なおう

資産運用においては、実際に具体的な商品を買ってポートフォリオを構築する前にきちんとした計画を立てるべきです（**図表4－1**）。アセット・ロケーションもこの計画のなかに位置づけられています。

資産運用のプロセスは、①投資環境の把握、②運用基本方針（できれば6章で解説する「投資方針書」を書く）、③具体的な投資対象の選択、④取引執行、⑤管理という流れです。

①でまず個人的環境の分析が必要です。

図表 4-1 ● 人生を通じた資産運用のプロセス

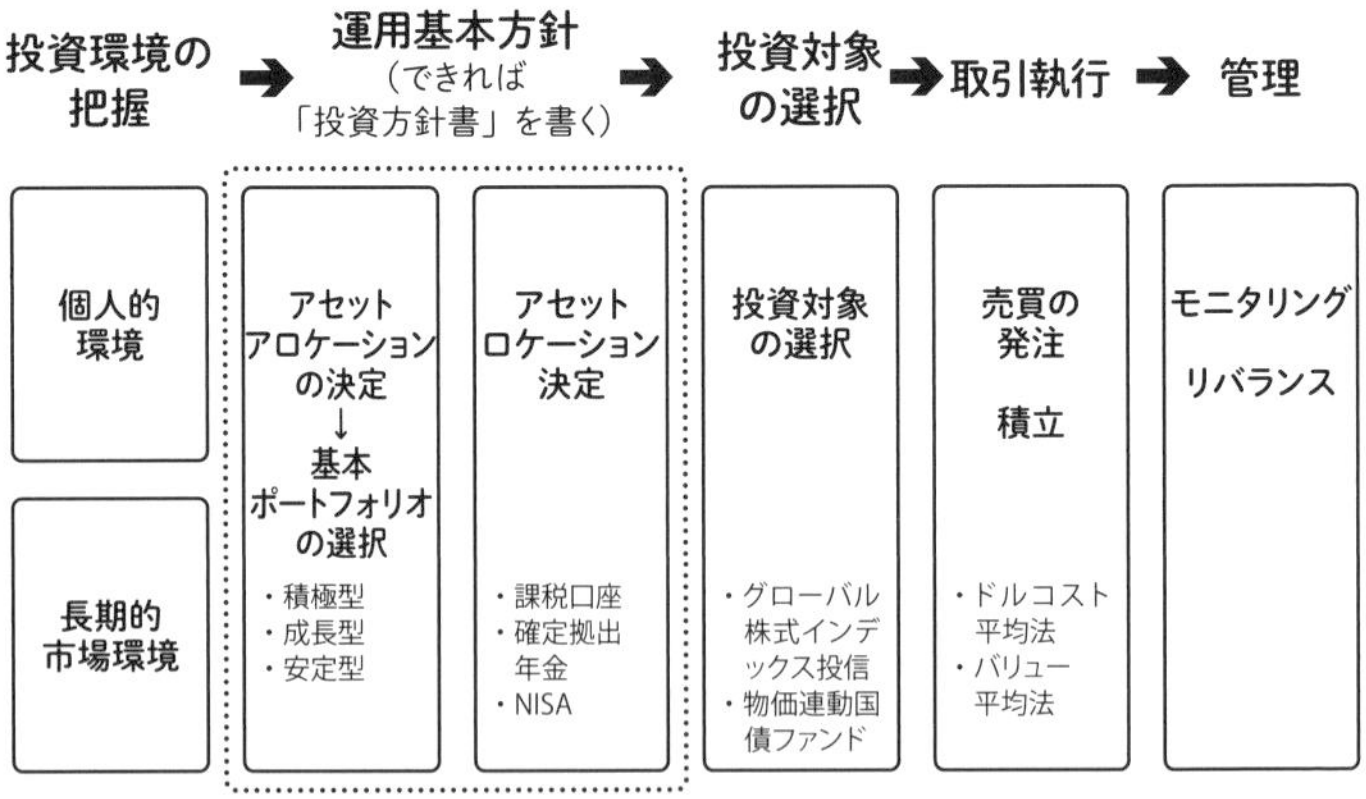

現在の自分のライフステージはどのあたりにあるのか。正社員として働いているのか、契約社員として働いているのか。収入の額と安定性はどのような状態か。結婚しているのか、していないのか。子どもはいるのか、いないのか。いるとしたら小学生か、中学生か。公立なのか、私立なのか。また、現在、どのぐらいの財産を持っているのか。持ち家か、賃貸か。自分の性格はリスクを好むほうか、リスクを回避したがるほうか、将来の夢は何か、などたくさんの要因があります

ここでAさんに登場してもらいましょう。

私の年齢は現在40歳で、比較的安定した会社のサラリーマン。既婚で子どもは1人。これから子どもの養育費・教育費が増加しそうです。住宅は現在、賃貸ですが、今後、持ち家にすることも考えています。しかし、何といっても心配なのはいずれ定年退職したあとの経済基盤をどうするかということです。幸いまだ退職までには25年ぐらいあるので、それまでの時間を味方につけて、資産形成をしていきたいと考えています。

いままで銀行や証券会社に勧められるままに少しだけ投資信託などを買ってみましたが、資産全体の設計図などは考えたことがありませんでした。アセット・アロケーションが大切ということで株式を8割、債券を2割という配分比率でいこうと決めま

した。株式はグローバルな株式インデックスファンド、債券は物価連動国債を組み入れた投資信託にしようと思っています。

この設計図に合わせて、いままで買った投資信託などをリストラし、設計図どおりの配分にしたいと思っています。

Aさんは、非常によく分析ができていて立派だと思います。次のステップは②ですが、このうちのアセット・アロケーションについては3章で詳しく解説しました。本章では次のステップに入ります。これがアセット・ロケーションです。課税口座、確定拠出年金、NISAという3つの口座を活用して、どの資産を、どの口座で運用するのかを決めていくのです。

Section 4-2

最大のコストである税金をどう回避するか？

NISAが登場した背景は？

アセット・ロケーションというのは資産を「最適な口座で運用する」ことを意味すると先ほど述べましたが、どうしてこのような考え方がいま日本で必要になってきたのでしょうか。それは、「資産運用にとって税金が非常に大きなコストになる」という事実が、ここにきてクローズアップされてきたからです。

2003年から2013年まで、株式市場の長引く低迷を打破するため、証券取引には軽減税率が適用されていました。株式や株式投資信託の値上がり益や配当金、分配金に対する税率が、かつては20％だったものを10％まで軽減したのです。しかし、なかなか国内株式市場は回復の兆しをみせず、結果的に軽減税率は10年にもわたって続きました。この軽減税率はあくまでも時限的措置なので、いつかは本則の税率、すなわち20％に戻ることになります。そしてついにその時期を迎え、２０１４年１月から上場株式や株式投資信託の値上がり益、配当金、分配金に対する税率が、本則の20％に戻ることになったのです。

問題は、軽減税率が10年にもわたって続いたことです。10年も軽減税率が続けば、多くの人は、それが時限的措置であることを忘れてしまいます。そうなると、本則であるとはいえ、20％に税率が戻った時点で、多くの投資家は「課税強化」と受け止めるでしょう。

そこで、証券税制が本則に戻ることに対する激変緩和措置が必要と政府は考えました。

こうしてＮＩＳＡという新たな非課税制度が登場することになったわけですが、その背景はともかく、制度を利用する側からすれば、魅力的な資産運用のツールを、もうひとつ手にしたことになりますから、これを有効に活用しない手はありません。

投資で10％を稼ぎだすのは大変

「税金がコストである」ということをもう少し具体的に検証してみましょう。

たとえば、１００万円を投資し、それが１５０万円になったとしましょう。かつてのように値上がり益に対する税率が10％であれば、取られる税金は5万円であり、手元には45万円の収益が残ります。

しかし、税率が20％になると、50万円の収益に対して20％の税金ですから、10万円が税金として持っていかれることになります。手元に残るのは40万円です。

現状の預金金利の状況をみればわかりますが、100万円の元本で5万円を稼ぐのは、非常に大変なことです。

投資信託で運用する場合、購入時には購入手数料が取られ、運用期間中も運用管理費用というコストが、ファンドの運用資産から日々、徴収されていきます。これだけでも十分に高いコストであるわけですが、分配金に税金が取られ、さらに値上がり益が得られた場合は、それにも税金がかかります。

つまり、購入時に2％の購入手数料、運用期間中は年率1・5％程度の運用管理費用、さらに分配金と売買益の両方から20％が税金として差し引かれます。自らリスクを取って運用しているのに、運用収益の多くがコストとして消えてしまうとしたら、「投資などやっていられない」ということになってしまいます。

日本人の多くは「納税者意識が希薄だ」といわれます。サラリーマンであれば、給料から月々、所得税や住民税が源泉徴収されますから、みな、税引き後の収入だけを気にしていればよいし、預貯金の利息にかかる利子課税も源泉徴収です。このように、勝手に税金が差し引かれていくのですから、便利である反面、納税者としての意識は、希薄にならざるをえません。節税効果に優れた個人型の確定拠出年金が、なかなかテイクオフしないのも、こうした事情があるからだと推察されます。

しかし、前述したように、これからはさまざまな面で税金を意識せざるをえなくなります。すでに消費税率は10％を目指して上昇していますし、相続税も実質的に増税方向です。あるいは、これまで認められていた各種控除も、いままでは多くが廃止の方向に進んでいます。ですから、今後は税制のメリットを最大限に利用するアセット・ロケーションという考え方を取り入れて、確定拠出年金やＮＩＳＡを活用していくことが必要になってくるのです。

Section 4-3

どの口座で何を買うかマトリックスで考えよう

税制メリットならば確定拠出年金がいちばん有利

まずは次ジペー図表4－2のマトリックスをご覧ください。縦軸はアセット・ロケーションで、横軸がアセット・アロケーションです。

アセット・ロケーションには、自分が開設することのできる口座を入れていきます。銀行や証券会社などにつくる一般の課税口座、NISA、そして確定拠出年金の3種類としましょう。

アセット・アロケーションには、これから自分のポートフォリオに組み入れていく資産を記入していきます。いちばん単純な資産クラスを使って株式、債券、定期預金、普通預金・MMFとしましょう。株式はグローバル株式インデックスファンド、債券は物価連動国債ファンドとします。なお、普通預金・MMFには通常の生活費と緊急時に必要とされる資金を資産運用とは別のカテゴリーとして入れておけばよいと思います。

次にアセット・アロケーションを決めます。定期預金は、いまのように金利の低い時代に大きな額を置いておくのは、運用の効率という点から考えても不利なので、5年以内など比較的短期で絶対に必要とされる資金を置いておく場所と考えておきます。

先ほどのAさんの例で、普通預金・MMFと定期預金以外の資産運用部分を考えてみましょう。

Aさんは現在40歳ですので基本ポート

図表 4-2 アセット・アロケーションとアセット・ロケーションのマトリックス
——この表に組み入れていく資産の配分を書き込んでいく

		アセット・アロケーション			
		グローバル株式インデックスファンド	物価連動国債ファンド	定期預金	普通預金、MMF
アセット・ロケーション	課税口座				
	NISA				
	確定拠出年金				
	合計				

フォリオは積極型でよいでしょう。8割はグローバル株式（日本株・先進国株・新興国株）に投資するインデックスファンド、2割は物価連動国債を組み入れたファンドとします。Aさんはサラリーマンでそれほど大きな投資資金はないので、毎月の給料の一部で積立投資をしていくことになります。

長期的な資産運用ですからファンドの買付は確定拠出年金で運用したいところです。まず、確定拠出年金で買える投資商品に右記に合うファンドがあるかどうかをチェックします。なければ次善の策としてNISAを使うということになります。

私は毎月の積立額のメドとして20代は月2万円、30代は3万円、40代は4万円、50代は5万円、60代は6万円を目標にすることをお勧めしています。たとえば、Aさんは40歳ですから月4万円、年48万円です。毎月4万円はきついのであれば、毎月3万円として年2回のボーナス時に6万円ずつを追加投資するのでも結構です。

もし、確定拠出年金の枠だけでは投資金額をカバーし切れない場合は、NISAを併用することによって、非課税枠で運用する額を少しでも多めに取っていけばよいのです。

課税口座と非課税口座の運用収益の差は大きい

実際、課税口座と非課税口座とでは、トータルの運用収益にどのくらいの差が生じてくるのでしょうか。ここでは所得にかかる税金を10％として、課税口座と非課税口座の違いを計算してみました。ちなみに運用利回りは年平均5％を想定しています。

まず確定拠出年金の場合、収入から直接、拠出金を支払う形になるため、拠出金は非課税のままで投資している形になります。NISAや課税口座については、所得税が差し引かれた後の収入から投資資金を出す形になるため、投資資金は実質的に課税後のものと考えます。

そうなると、税引き前所得に対して、税引き後投資額は60ジペー**図表1－3**にあるとおりの額になります。つまり確定拠出年金は非課税なので100のままですし、NISAや課税口座の場合、所得税率が10％であれば90になります。

ということは、5％で運用したときのリターンは、確定拠出年金の場合、5％がまるまる収益になるのに対し、NISAは投資額の部分で課税されているので、所得税額が10％

であれば、１００の税引き前資金も税引き後では90になってしまい、５％のリターンを稼いでも投資収益率は４・５％になります。確かにＮＩＳＡは、運用収益に対しては非課税ですが、このように所得税も考慮すると、同じ非課税制度といっても、確定拠出年金はＮＩＳＡよりもずっと有利なのです。

実際、長期で運用すればするほど、両者の手取りには大きな差が生じてきます。**図表４－３**は、①課税口座で運用した場合、②ＮＩＳＡで10年間運用し、その後、課税口座に移した場合、③ＮＩＳＡが制度改正で恒久化された場合、④確定拠出年金で運用した場合、という４つのケースについて、年５％という平均利回りで

図表 4-3 ● 4つのケースにおける長期運用後の手取り額の差

——長期になるほど大きな差がつく

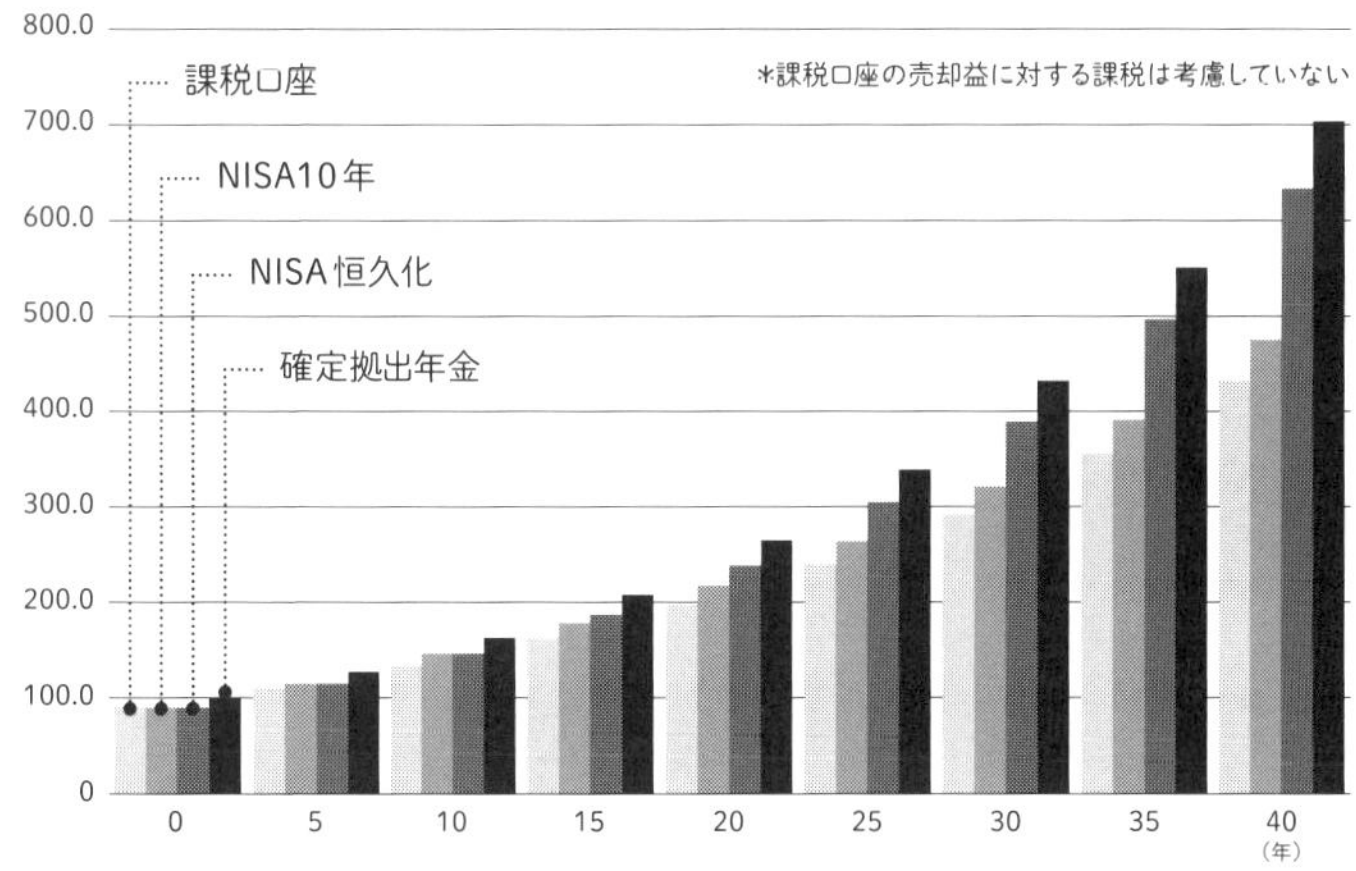

運用した場合の、各期間の手取り額を比較したものです。投資元本は課税口座、ＮＩＳＡ口座は所得税控除後の90、確定拠出年金は１００としています。②は5年の非課税期間が終了した後、ロールオーバーし、10年を運用し終えた後に課税口座に移管するという前提条件を与えています。

運用期間が10年だと、課税口座では１３３万円、ＮＩＳＡ口座では１４７万円、そして確定拠出年金では１６３万円と差がついています。さらに、運用期間が20年、30年と長くなるにつれて、差が拡大していきます。ちなみに運用期間を30年にした場合、課税口座では２９２万円、ＮＩＳＡで10年運用し課税口座に移した場合は３２１万円、ＮＩＳＡがもし恒久化されていれば３８９万円、そして確定拠出年金では４３２万円とかなり大きな差がつくことになります（なお、課税口座では売却時の譲渡益に対してさらに20％が課税されます）。

Section 4-4

NISAとの合わせ技で非課税枠を広げる

確定拠出年金には拠出金額に限度がある

確定拠出年金の拠出金額は、自営業者であれば個人型で月6万8000円まで認められていますが、企業に所属しているサラリーマンで、確定給付型企業年金も確定拠出年金もない場合は、個人型の確定拠出年金に加入することができます。

ただ、その際の拠出金額は月2万3000円までなので、年間を通じての拠出金額は27万6000円にしかなりません。これではあまりにも少な過ぎると思う方もいらっしゃるでしょう。そのようなときこそ、2014年1月からスタートした新しい非課税制度、NISAを活用する意味があります。

NISAとは、年間100万円、総額500万円まで、NISA口座を通じて投資した上場株式および株式投資信託から得られた値上がり益、配当金、分配金について非課税になる制度です。ただし、現行制度での非課税期間は無期限ではなく5年間です。2014年の口座で投資した分については、2018年末までに発生した投資収益が非課税になるのです。

ＮＩＳＡは「ロールオーバー」といって、非課税期間が終了した時点で、元本100万円分については、その時点で申し込むことのできる新しい年次の口座に移管させることができます。たとえば2014年口座の非課税期間が終了するのは2018年末ですから、その非課税期間が終了した時点で、2019年口座に移管できるのです。このロールオーバーによって、非課税期間は実質的に10年間まで延ばすことができます。

もし、サラリーマンで個人型の確定拠出年金に加入する人が、月々2万3000円の掛け金だけではどうしても不安なので、あと少し上乗せしたい場合は、とりあえずＮＩＳＡの口座を開いて、そこから月々の投資金額を増やせばよいのです。たとえばこちらに2万7000円を加えれば、確定拠出年金の拠出金との合計金額は5万円になります。月々5万円ずつ積立投資すれば、1年の積立金額は総額で60万円。個人型確定拠出年金で自営業者が自己負担で積み立てている金額とほぼ同じになります。

「ＮＩＳＡは永久的な制度ではない。どこまで補助的な役目を果たせるのか疑問」という声もありますが、このまま口座数が増えていけば、いずれ非課税期間の恒久化を含め、制度を見直す動きが出てくるでしょう。

したがって、確定拠出年金の拠出金額が少ないと思う人は、同時にＮＩＳＡも合わせ技として活用し、非課税枠を少しでも拡大させるようにするとよいでしょう。

ＮＩＳＡと確定拠出年金をどう使い分けるか

ＮＩＳＡも確定拠出年金も、投資の収益に対する非課税枠が認められる制度ですが、より有効に活用するためには、両者の違いをしっかり把握しておく必要があります。これはアセット・ロケーションの重要なポイントであり、また、その効果を最大化するために不可欠であるといえます。

ＮＩＳＡと確定拠出年金のいちばん大きな違いは、ＮＩＳＡは税引き後の所得からの投資であるのに対し、確定拠出年金は税引き前の所得から拠出できるという点です。これについてはすでに説明をしました。

もうひとつの重要な点は手軽に現金化できるかどうかです。確定拠出年金の場合、「年金にする」ということの見返りとして税制優遇が認められているため、60歳になるまで拠出したお金を引き出すことができません。ちなみに、どうしても月々の拠出金負担が厳しいというのであれば、解約はできませんが、拠出を中断することは認められています。その場合は、以後はそれまでに拠出したお金の運用のみを続けていくことになります。

確定拠出年金の場合はあくまで退職後の経済基盤をつくることを目的としています。その意味では簡単に現金化できないという制約は、使ってしまいたい誘惑に勝つためにはメリットであるともいえます。

一方、NISAの場合は子どもの大学

図表 4-4 資産形成期の資金使途に応じた最適なロケーションは?
——使う可能性がある資金を考慮しておくことが長期投資のコツ

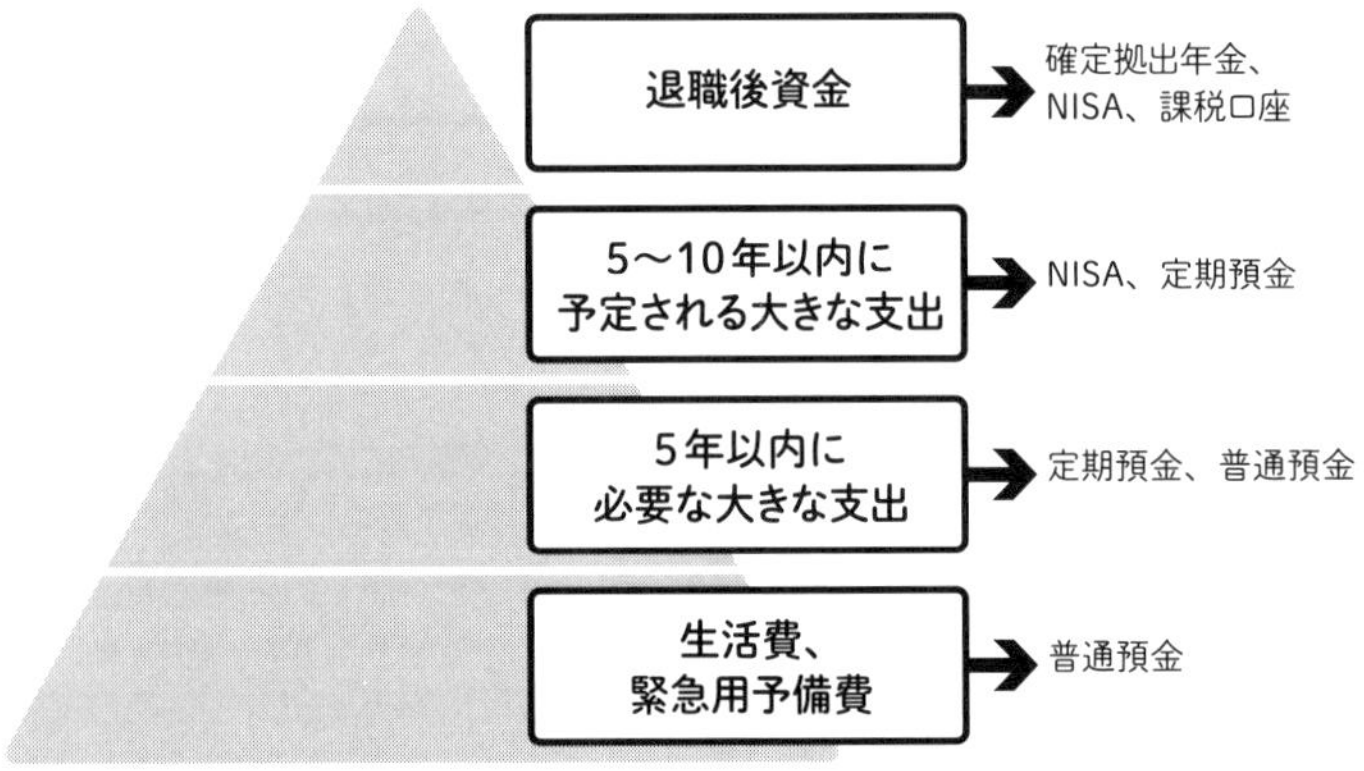

進学費用など使うことが決まっている、あるいは使う可能性が高い資金に適しているといえます。また、ＮＩＳＡの非課税期間は5年ですが、仮に投資を始めて2年目のところで大きく値上がりしたから利益を確定させたいという場合は、そこで解約もしくは売却できます。それによって、値上がり益の一部が税金として取られることもありません。値上がり益にしても、それまでに受け取った配当金や分配金にしても、すべて非課税扱いのままです。いざというときにいつでも現金化できるのかどうかは、口座の利便性という面で大きな違いです。将来の資金をつくるためとはいえ、それまでのあいだにどのような状況の変化があるかは未知数ですから、配慮しておくことは必要でしょう。

このような特性からすれば、ＮＩＳＡは確定拠出年金の補完的ロケーションとして使うことができます。加えて、ＮＩＳＡは5〜10年以内に予定される大きな支出のために用いるのに非常に有効です。現行制度のもとだと10年までしか非課税期間が得られないので、結婚資金や子どもの教育費、住宅の頭金、あるいは定年後に住む家のリフォームといったような、あらかじめ使う時期が予想されるお金の運用に用いるというイメージです（**図表4－4**）。

Superior Management Skill of

Defined Contribution Plan

第5章

バリュー平均法を活用した最強の積立投資で資産形成を効率よく行なおう

Section 5-1

積立投資をすれば安心、簡単、高効率

短期的な値動きはわからない、ではどうするか?

投資信託などを買う場合、これから基準価額が上がることがわかっているとしたら、少しでも早く、まとまった資金で、その投資信託を買うべきです。あるいは逆に、これから基準価額が下がることがわかっているとしたら、できるだけ買うタイミングを遅らせたほうがよいでしょう。「安く買う」というのは、人生を通じての資産運用でも成功するための鉄則です。

ただし、それはあくまでも、将来値上がりする、あるいは値下がりすることが、事前にわかっていれば、という前提のもとでの話です。現実には、将来、投資信託の値段がどうなるのかは、誰にもわかりません。たまたま、思ったとおりになったとしても、それはたんに「当たった」だけのことです。株式にしても、為替にしても同じです。将来の値動きがわからないから、そろそろ底値だと思って買いにいったら、さらに値下がりしてしまうというケースが出てくるのです。実際、読者のみなさんのなかにも、そのような経験をされた方は多いのではないでしょうか。

また、すでに述べたように、資産運用の収益の多くはアセット・アロケーションによって決まります。個別銘柄の選択や売買のタイミングが収益に及ぼす影響は、長期的にみれば、6勝4敗や4勝6敗が続く結果、それほど大きなものではないのです。したがって、売買のタイミングを探るために多大な能力と思索の時間を割くのは無駄というものです。

今後の価格の動きが予測できないのであれば、何かに投資したいという場合は、どのようにして買ったらよいのでしょうか。

その有効な手段が積立投資です。積立投資というのは、コツコツと少しずつ買っていく方法です。買付をするときに一度に全額を投入すると、最終的なパフォーマンスがどの時点でスタートしたかに非常に大きく影響されてしまいます。たまたま暴落後のどん底でスタートすればよいパフォーマンスになるでしょう。しかし、まだ上がると思って買ってみたら天井だったということもあります。その場合、パフォーマンスはひどいものになる可能性があります。

どこが大底でどこが大天井かなどわからないものなのです。

この問題を解決する手段が時間分散です。つまり、買付を1回で行なうのではなく、タイミングを分散して何回にも分けて買い付けるのです。そうすれば仮に1回目の買付が天井でも、その後、安くなる局面でも買い続けることが可能です。この時間分散の具体的な方法が積立投資です。

最初から多額の資金のある方は別として、毎月の給料の一部を投資して資産形成を行なおうとする方は必然的に積立投資をすることになります。また、退職金など、まとまった資金を投資する際も時間をかけて買付するほうが安心でしょう。

積立投資を行なう場合、毎回頭をひねって、いつ、いくらを投資するかを決めていくのではなく、一定のルールを決めてそれに従って投資をしていく方法が一般的です。このように、どのように投資するかという方法を事前にフォーミュラ化して投資するのを「フォーミュラ投資」といいます。フォーミュラ投資の利点は、市場の変動や心理的要因に左右されないこと、そして、わかりやすく、知識や経験があまりなくとも簡単にできることです。

投資信託の基準価額は、ファンドに組み入れられている資産の価格変動によって日々、値上がり、値下がりを繰り返しています。そこで毎月、一定のルールで同一ファンドを購入していきます。フォーミュラ投資にもいくつかの種類があります。たとえば、価格に関係なく毎月一定の株数を買うのもひとつでしょう。また、おそらくいちばん普及しているのはドルコスト平均法でしょう。そして、日本ではあまり知られていませんが、ある程度、投資に慣れた方であれば、より効果の大きいバリュー平均法があります。これからそれらについてご説明します。

積立投資の基本形は「ドルコスト平均法」

ドルコスト平均法といっても決して、ドル建ての証券を買う場合に使う方法ではありません。この名称はアメリカで生まれたため、「お金」という意味で「ドル」という言葉が使われたのですが、その用語がそのまま日本に直輸入されたのです。ですから、「円コスト平均法」でも本来は構いません。

ドルコスト平均法は「定期的に一定の金額を投資していく」というものです。たとえば、毎月の給料日に5万円を投資するようなものです。毎月、等金額を投資するのですから、投資対象の価格が下がるほど、買付口数は多くなります。価格が上がると買える口数は減少します。つまり、安いときにたくさん買って、高いときには少な目に買う。これを続けていくと、結果として比較的コストの安い投資のカタマリができることになります。この手法はどのような証券の買付でも応用できる方法です。例を挙げて解説しましょう。

●例1

まず、横ばいの価格推移を考えてみましょう（**図表5－1**）。たとえば第1期目のある投資信託の価格が1口1万円であるとしましょう。そして、単純に毎月10万円ずつ投資するとします。毎月の投資額は10万円でも、1万円でも、5000円だとしてもドルコスト平均法は有効です。ここではある年の1月から5月までを買付期間とします。もちろん価格や投資額はあくまでドルコスト平均法を説明するための例ですから、あまり大きな意味はありません。また、投資期間も現実には何年も続くのがふつうです。なお、取引に伴う手数料は無視します。

1月は価格が1万円ですから、10万円を投資すると10口買えることになります。

2月には価格が1万2500円に上昇したとします。そうすると10万円の投資では8口買い付けることができます。その結果、累積投資金額は20万円、1月と2月で買い付けた口数は18口ということになります。

3月には株価が再び1万円まで下落してしまいました。価格変動に関係なく10万円を投資すると10口買えます。これで30万円を投資して28口を買ったことになります。

4月には価格はさらに下げて7500円となってしまいました。それでも10万円を投資すると今度は13・3口買えます。投資金額は累計で40万円、保有口数は41・3口になりました。価格が下落すると本来はがっかりするはずですが、その分多く買えることがわかるでしょう。

そして、買付期間の最後、5月には価格が1万円に戻ったとします。10万円を投資すると10口買えるので、最終的に5か月かけて50万円を投資し、51・3口の

図表 5-1 横ばいのケース（ドルコスト平均法）

買付月	価格	投資金額	買付口数	累積投資金額	累積投資口数
1月	10000円	100000円	10.0口	100000円	10.0口
2月	12500円	100000円	8.0口	200000円	18.0口
3月	10000円	100000円	10.0口	300000円	28.0口
4月	7500円	100000円	13.3口	400000円	41.3口
5月	10000円	100000円	10.0口	500000円	51.3口

投資信託を買えたことになります。仮に1月に全額を投資していたとすると50万円で50口を買ってそのまま持っていたことになります。つまり、損得なしということです。

もし、毎月10口ずつ買っていたなら5か月では50万円を投資し、この場合も50口を保有したことになります。

ドルコスト平均法ではこの表のように50万円を投資して51・3口を保有できたのです。これは1口当たりのコストが9747円ということです。つまり、高いときには少な目に、安いときには多目に口数を買うことで、横ばい相場であってもすでに利益が出る状態になっているのです。

●例2

次に上昇相場の例をみてみましょう。価格は買付期間中に毎月1000円ずつ上昇したとし、その他の条件は例1と同じとします。ドルコスト平均法の結果は**図表5－2**のようになります。

この場合は1月に全額50万円を投資していれば50口買えるのでいちばん利益が大きいのは当然です。しかし、現実には1月時点ではその後の価格がどう推移するかなどわからないのです。だからこそ時間分散を図って積立投資をしているのです。もし、毎月10口ずつ買っていたなら期間中に60万円を投資したことになり、保有口数は50口ということになります。つまり、平均コストは1万2000円です。

ここで表にあるドルコスト平均法をみてみましょう。この場合、累積投資金額は50万円、保有口数は42・2口ですから、平均コストは1万1848円となります。これは毎月10口ずつ買った場合よりも低コストで買付できたということです。

●例3
それでも値上がりの場合はいいのです。コストが少し高くなっても値上がりしていればまだ満足できるでしょう。問題は値下がりの場合です。もし、1万円で買

図表5-2 上昇相場のケース（ドルコスト平均法）

買付月	価格	投資金額	買付口数	累積投資金額	累積投資口数
1月	10000円	100000円	10.0口	100000円	10.0口
2月	11000円	100000円	9.1口	200000円	19.1口
3月	12000円	100000円	8.3口	300000円	27.4口
4月	13000円	100000円	7.7口	400000円	35.1口
5月	14000円	100000円	7.1口	500000円	42.2口

った投資信託が毎月1000円ずつ下落したらどうでしょう。ドルコスト平均法の成績は**図表5－3**のようになります。

かなり悲劇的な結果ですね。もし、1月に全額を投資していたら50口保有することになるので、現在の時価は30万円、投資額に対して4割も下落していることになります。例2は期初に全額投資をした場合の成功例ですが、逆にいえば例3のようにもなるかもしれないということです。毎月10口ずつ買っていたらどうでしょう。投資金額は40万円、平均コストは8000円です。

ドルコスト平均法の場合は表のように50万円を投資して64・6口保有することになります。この平均コストは7740

図表 5-3 ● 下落相場のケース（ドルコスト平均法）

買付月	価格	投資金額	買付口数	累積投資金額	累積投資口数
1月	10000円	100000円	10.0口	100000円	10.0口
2月	9000円	100000円	11.1口	200000円	21.1口
3月	8000円	100000円	12.5口	300000円	33.6口
4月	7000円	100000円	14.3口	400000円	47.9口
5月	6000円	100000円	16.7口	500000円	64.6口

円です。もちろん、5月の価格が6000円ですから、まだ水面下の状態ですが、毎月10口ずつ買った場合よりはコストが安くなっています。これは損益分岐点までの距離が近いということです。

●例4

最後に大きく下げた後、少し回復した例をみてみましょう（**図表5－4**）。少し誇張された例ですが、当初1万円が4か月のうちに2500円まで下げ、5月にようやく5000円に戻った例です。

現実には1万円の価格が3か月後に75％も下落するというケースは企業が倒産する場合の株価などを除いてあまりないだろうと思います。しかし、ドルコスト平

図表 5-4 大きく下げたあとで戻ったケース（ドルコスト平均法）

買付月	価格	投資金額	買付口数	累積投資金額	累積投資口数
1月	10000円	100000円	10.0口	100000円	10.0口
2月	7500円	100000円	13.3口	200000円	23.3口
3月	5000円	100000円	20.0口	300000円	43.3口
4月	2500円	100000円	40.0口	400000円	83.3口
5月	5000円	100000円	20.0口	500000円	103.3口

均法の威力を知るうえでややオーバーな前提にしたとご理解ください。

この場合は価格が1万円から5000円へと半値になっています。つまり、期初に全額投資した人の資産は半分になっているということです。また、毎月10口を買った人は30万円を投資し、平均コストが6000円となり、時価の5000円では1口1000円の損失が出ていることになります。

ドルコスト平均法の場合はこの表のように50万円を投資して保有株数が103・3口、つまり、1口当たりのコストは4840円です。ドルコスト平均法では価格が半値になっても1口当たり160円の利益が出ているのです。これがドルコスト平均法の威力です。

例3と例4を比較すると、ドルコスト平均法の重要なポイントが浮かび上がってきます。それは低迷期に積み立てるとしても、最終的に少し回復をしていないと、利益が出ないということです。ですから結局、最終的には「何を買うか」という点に帰着するのです。

すでに述べましたが、私はグローバルな株式インデックス投信または上場投資信託（ETF）がそのための最適な投資対象だと考えています。なぜ、グローバルかという点を簡単にまとめておくと次の5つのポイントに絞られます。

①われわれの生活は世界中の企業によって支えられている。したがって株式投資によりそ

れらの生産設備を保有することは購買力維持の観点から効果がある

②世界経済は今後も拡大が続くことが予想されるから、世界全体の企業に投資することによって、購買力の維持に加え、「プラス・アルファ」のリターンを得られる

③海外企業は概して日本企業よりも収益率が高い

④海外大手企業は概して株主を重視する

⑤株価面でも最大限の分散効果を得られる

そこで今度は実際のグローバルな株式指数を用いてドルコスト平均法の効果を検証してみましょう。

実際の相場でドルコスト平均法の威力をみる

ここまで、架空のシナリオに基づいてドルコスト平均法の威力について解説してきました。それではもし、実際のマーケットでこの方法を使っていたらどんなことになっていたでしょう。ここではモルガン・スタンレー・キャピタル・インターナショナル社のACW

I指数（オール・カントリー・ワールド・インデックス、日本を含む世界の先進国と新興国の株価指数）を円換算したものに毎月1万円ずつ投資をしたとします。なお、売買に伴う手数料はここでは無視しています。

また、積立時期は米国の大手証券会社リーマン・ブラザーズが経営破たんした2008年9月から2014年2月末までとします。

その結果をグラフ化したのが**図表5－5**です。この表に示されるように、平均コストは時価をはるかに下回っています。

グラフにはありませんが、投資累計額は66万円、現在の価格で見た時価総額は111万円となっており、積立投資の効果により時価残高は投資総額の倍近くな

図表 5-5 ● 実例でみたドルコスト平均法の効果
——長期投資においては低迷相場こそゴールデン・シナリオ

っています。米国大手証券会社の経営破たんという大きな悪材料の後から始めても大きな成果が得られています。いや、より正しくいえば、大きな暴落時にこそしっかり多目の口数を貯めこみ、その後、3年近くの横ばい相場でもそれを続けたからこそ2013年にかけての上昇相場で大きな利益を出すことができているのです。

これをみると長期投資においては「低迷相場はゴールデン・シナリオ」であることがわかります。安いときに多目に買い、高いときに少な目に買う、この変哲もない投資法が、それを続けていくことで大きな効果を生むのです。

大切なことは「続ける」ことです。たまたま短期的な暴落に遭遇すると、せっかく続けてきた積立投資を止めてしまう人が実に多くいます。また、少しマーケットが上昇してくるとドルコスト平均法の効果で利益が出るようになります。そうするとつい、解約して利益を確定したくなってしまう。初心者の方ほど、このような誘惑に負けてしまうことが多い。この誘惑に打ち勝つためにも自動的に銀行口座から引き落とされて粛々と定額の投資を続けていく手法は大きな武器になるのです。

ドルコスト平均法の限界

このように非常に大きな威力を持つドルコスト平均法ですが、万能ではないこともお話しておきます。前述したようにドルコスト平均法は最終的に少しでも株価が上昇していないと効果が十分に発揮されません。たとえば、日本の株式市場のように１９８９年末に4万円近い史上最高値を更新して、その後、長い期間低迷を続けた場合はどうだったでしょうか。その点を配当込の東証株価指数（ＴＯＰＩＸ）を使って検証してみました。期間はバブルの天井だった１９８９年12月から

図表 5-6 ドルコスト平均法の限界
――値下がり続けているものに投資するとうまくいかない

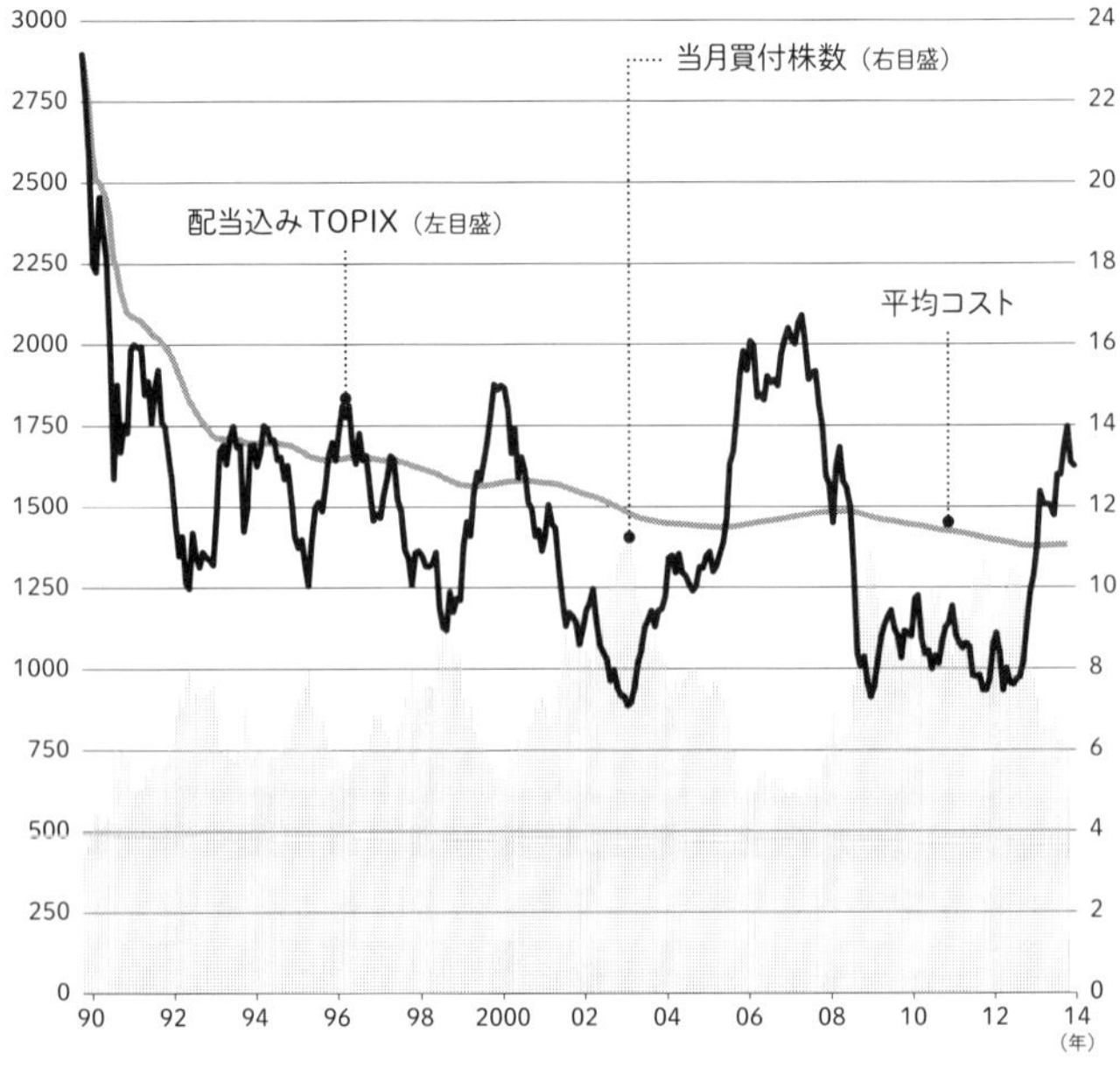

２０１４年２月までです。投資金額は毎月１万円としました。

図表５－６からも明らかなように２０１２年末からの上昇相場でドルコスト平均法の効果が出て、現在の平均コストは価格を約15％下回り、その結果、時価総額も投資金額を18％上回っています。１９８９年末に35歳でＴＯＰＩＸインデックスファンドでの積立投資を始めた人は25年後の２０１４年、60歳になるわけですが、ＴＯＰＩＸの水準がピーク時の45％下にいることを考えれば、ドルコスト平均法は「まあ、よかった」といってよいでしょう。

しかし、**図表５－７**をみてください。このグラフは１９８９年末から２０１４

図表 5-7 ● 1989年末からドルコスト平均法でTOPIX（配当込）を買った場合の損益状況

年までの期間でコストが価格を上回った時期と下回った時期を比較したものです。

このグラフからわかることは、約73％の期間で時価がコストを下回っていたということです。ですから、たとえば１９８９年末に40歳だった方がドルコスト平均法で積立投資をしていたとしましょう。その方が60歳で定年を迎えるのは２００９年ということになり、時価に対してかなり大幅な損失を抱えたまま退職しなければならなかったことになります。もちろん、その後も保有を続ければ市場の回復を享受できたことにはなりますが、積み立てる時期から引き出す時期に損失を抱えて移行するのは決してうれしいことではありません。

結論としていちばん大切なのは「何を買うか」ということです。前述したように「グローバルな株式インデックス投信または上場投資信託を買う」というのがその答えです。

ドルコスト平均法は強力な手法ですが、どのような投資手法も万能ではありません。しかし、同じ積立投資でも少しだけ高度化することでリターンはさらにアップする可能性があります。それがこれからご説明するバリュー平均法です。

Section 5-2

最強の「バリュー平均法」でより効率的な積立投資をしよう

資産運用には「3つの魔」がある

人生を通じての資産運用は長旅です。そして旅の途中に3つの魔が潜んでいます。最初に出てくるのが「無知」という魔です。「投資は怖い」と思い込み、博打のようなことはすべきではないという考えに凝り固まっている状態です。この本を読んでいただいている方は多分、この魔には打ち勝っているのではないかと思います。

次に出てくるのが「恐怖」という魔です。長期投資の長旅の途中には、幾多の暴落、バブル崩壊、危機などが起こります。ドルコスト平均法による積立投資は下げ相場こそ貯めこむチャンスということを実感していただけるでしょう。

そして、最後の魔が「欲望」です。

ドルコスト平均法による積立投資で相場の上げ下げを何回か繰り返していると徐々に投資にも興味が湧き、書籍なども読み、知識が身についてきます。「もしかしたらもっと儲かるよい方法があるのではないか」という思いも湧いてきます。自分なりに相場の先行きを予測したりして、うまく当たることもあります。もちろん、外れることも同じぐらい多いのですが、失敗は忘れやすいもの、当たったときのことばかり記憶に残ります。そこで欲望の魔がささやきます。「あなたならドルコスト平均法のような退屈な運用方法ではなく、もっと早く、もっとたくさん儲けることができるに違いないよ」と。それにつられてドタバタ、バタバタと短期売買を始めるとせっかくつくった設計図も崩れ、海路なき長旅になってしまいます。

「売り」もあるのがバリュー平均法の特徴

同じ積立投資でも、フォーミュラ投資のメリットを活かしつつ、マーケットの動きを利用し収益をアップする方法があります。つまり、ドルコスト平均法のように毎月、同じ金額を自動的に投資するのではなく、マーケットの変動に合わせて買付額を変動させ、時には売却も交えて積立を行なう方法です。しかも、一定のフォーミュラに基づいた投資ですから、恐怖や欲望といった魔に投資判断が狂わされることもありません。それがバリュー平均法という積立投資の手法です。

バリュー平均法はドルコスト平均法に比べれば価格の変動に合わせて投資額を変えることになるので少しだけ余分の手間がかかります。しかし、売買の頻度はあとで説明するように3か月に1回ぐらいでよいし、方法もそれほどむずかしいものではありません。少し慣れれば、誰にでも行なうことができ、かつ、概してドルコスト平均法よりも高い投資効果を見込むことができます。

バリュー平均法は、1991年に米国のマイケル・エデルソン博士が発表した積立投資手法で、「時価残高があらかじめ定めた金額になるように定期的に資金を投入していく」というものです。この「あらかじめ定めた金額」を「バリュー経路（バリュー・パス）」といいます。その結果、価格の安いときにはドルコスト平均法よりもさらに多く、価格が高いときにはドルコスト平均法よりもさらに少なく買うことによって、積立投資の効果を一段と高めることが期待できます。また、相場が急騰して時価残高がバリュー経路を上回ったときには超過分を売却します。

バリュー平均法による積立投資の例

具体的に、バリュー平均法のポイントについて説明していきましょう。

まず、「バリュー経路」という概念を覚えてください。バリュー経路というのは、時価で評価した積立の目標累計金額のことです。そのバリュー経路に達するのに必要な株数を買っていきます。

●例5

このプロセスを理解するために、まずドルコスト平均法で使った例1のシナリオをバリュー平均法で投資したらどうなるかを解説します（**図表5－8**）。価格の推移は例1と同じです。しかし、投資金額は価格により変動します。バリュー経路は毎期ごとに10万円ずつ増加します。なお、バリュー平均法では私は3か月ごとの買付をオススメしているので、買付月もそれを反映させています。また、売買に伴うコストは単純化のために考慮していません。

まず、２０１３年12月からバリュー平均法を開始したとしましょう。３か月ごとに10万円ずつ投資の価値（バリュー）を増やしていくので、バリュー経路は10万円からスタート、最終目標額は50万円とします。12月は初回なので前回の残高はありません。したがって10万円で価格１万円の投資信託を10口買い付けます。

２回目の買付は２０１４年３月です。価格が１万２５００円に上昇しているので、前回買い付けた10口は12万５０００円になっています。３月のバリュー経路は20万円ですから、追加で投資するのは７万５０００円のみでよいということになります。価格が１万２５００円の投信に７万５０００円を投資しますから、買

図表 5-8 横ばい（例1）のケースをバリュー平均法で積み立てた場合

買付月	価格	バリュー経路	現在の時価残高	追加投資額	買付口数	累積投資金額	累積投資口数
2013年12月	10000円	100000円	0円	100000円	10.0口	100000円	10.0口
2014年3月	12500円	200000円	125000円	75000円	6.0口	175000円	16.0口
6月	10000円	300000円	160000円	140000円	14.0口	315000円	30.0口
9月	7500円	400000円	225000円	175000円	23.3口	490000円	53.3口
12月	10000円	500000円	533000円	−33000円	−3.3口	457000円	50.0口

付口数は6口となります。これで累計投資金額は16口となりました。

第3回目の6月には価格が1万円に戻りました。累積投資口数は16口ですから、時価残高は16万円です。バリュー経路は30万円で時価残高との差の14万円を追加投資しますので、14口買い付け、累計投資株数は30口となります。

第4回目の9月には価格がさらに低下し7500円となってしまいました。その結果、現在の保有口数30口の時価は22万5000円です。バリュー経路と時価残高の差は17万5000円ですからこの金額で23・3口を購入します。これで累計投資口数は53・3口となりました。

そして、最終回の5回目には株価が1万円に戻っています。保有口数は53・3口ですから、時価残高は53万3000円。バリュー経路の50万円を3万3000円超えていますので、この金額に相当する3・3口を1口1万円で売却します。累計投資金額はこの売却で3万3000円減少し、45万7000円になりました。

この5回の買付で目標とする投資額の50万円は達成できました。しかも、実際に必要とした資金は総額45万7000円のみで済んだのです。ドルコスト平均法では50万円の投資を行ない平均コストは9747円でした。バリュー平均法では最終的に50万円に相当する50口を買うのに要した資金は45万7000円、1口当たりの平均は9140円とドルコスト平均法を大きく下回る価格で買い付けることができました。これがバリュー平均法の威力です。

このようにバリュー平均法では売却が起こることがあります。資産形成をしているのに売却ということに違和感もあるかもしれませんが、マーケットは上にも下にも行きすぎるものです。その点で上に行きすぎたら超過分を現金化しておき、下がったときに余分に買うための準備金として取っておくことで効果が大きくなります。

このように投資対象の投資信託と準備金とのあいだで資金が行き来する可能性があるので、スイッチングにコストのかからない確定拠出年金は最適のロケーシ

図表5-9 バリュー経路の計算式

$$\frac{\text{バリュー経路} - (\text{現在の保有口数} \times \text{現在の価格})}{\text{現在の価格}} = \text{今回の買付口数}$$

ョンであるといえます。

なお、毎月の投資額を算定するためのバリュー経路の計算式は前ページ**図表5－9**のとおりです。

上げでも下げでも横ばいでもバリュー平均法は有効

バリュー平均法とドルコスト平均法の、それぞれの特徴を知るためにいろいろな相場シナリオを想定して両者を比較してみました。

5回の買付を前提として、横ばい、上昇、下落という3つのトレンドについて、それぞれ、上昇→下落→上昇、下落→上昇→下落、一本調子の推移という3つのケースを考え、3つのトレンド×3つの推移＝合計9つのシナリオについて、バリュー平均法とドルコスト平均法を実施した場合の効果を比較したのが**図表5－10**と**図表5－11**です。

この図表からわかることがいくつかあります。

まず、これらのシナリオでは、横ばい③を除くすべてのケースにおいてバリュー平均法のほうがドルコスト平均法よりも安いコストで買付ができ、投資金額に対する時価残高の

図表 5-10 9つのシナリオにおけるドルコスト平均法とバリュー平均法の比較

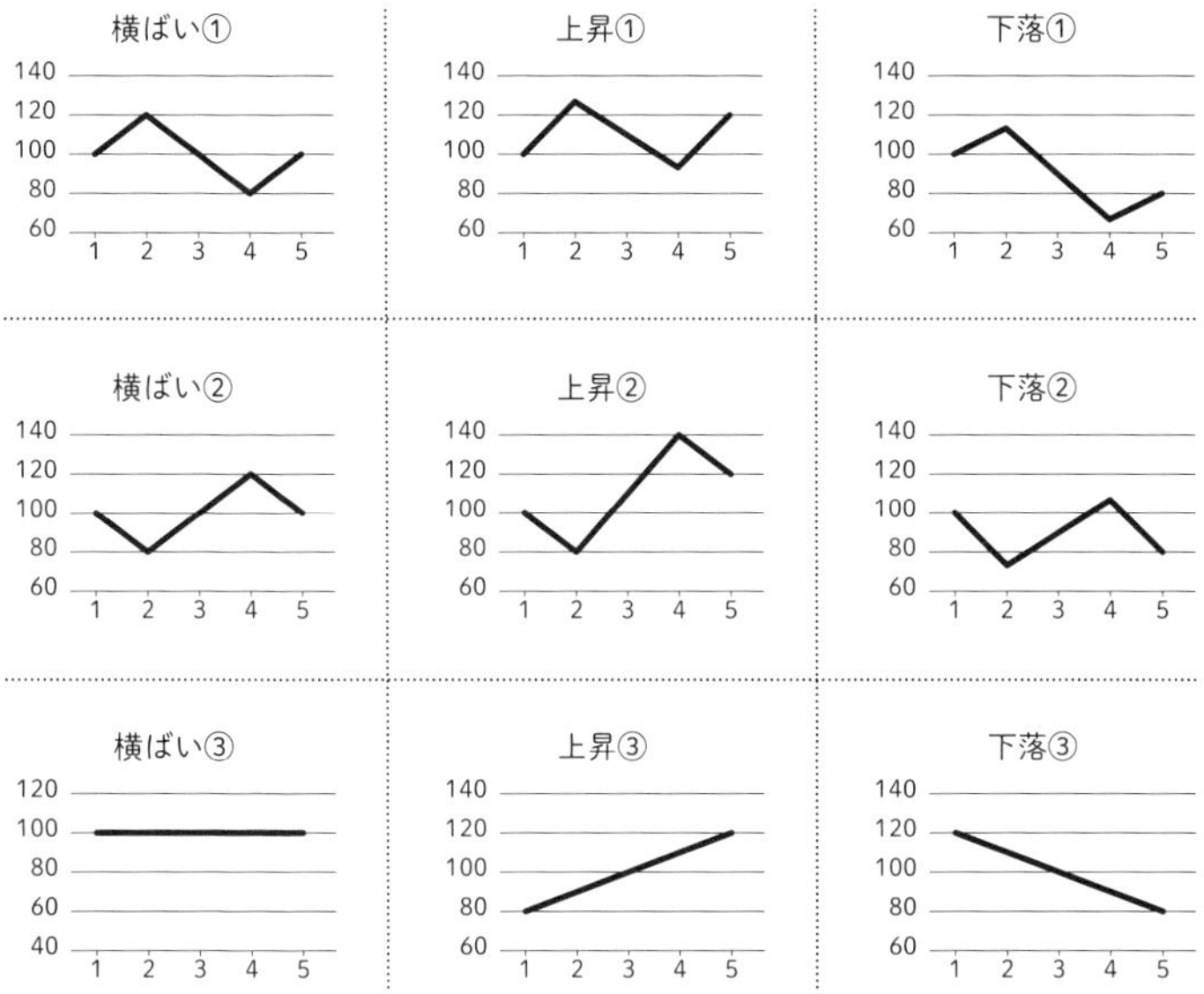

図表 5-11 9つのシナリオにおける平均買付コストの違いなど

	価格		ドルコスト平均法				バリュー平均法			
シナリオ	最終価格（円）	平均価格（円）	投資金額Ⓐ（万円）	最終時価残高Ⓑ（万円）	Ⓑ／Ⓐ（倍）	平均買付コスト（円）	投資金額Ⓐ（万円）	最終時価残高Ⓑ（万円）	Ⓑ／Ⓐ（倍）	平均買付コスト（円）
横ばい①	100	100	500.0	508.3	1.02	98.4	473.3	500.0	1.06	94.7
横ばい②	100	100	500.0	508.3	1.02	98.4	476.7	500.0	1.05	95.3
横ばい③	100	100	500.0	500.0	1.00	100.0	500.0	500.0	1.00	100.0
上昇①	120	110	500.0	551.4	1.10	108.8	434.6	500.0	1.15	104.3
上昇②	120	110	500.0	559.2	1.12	107.3	432.4	500.0	1.16	103.8
上昇③	120	100	500.0	612.4	1.22	98.0	398.9	500.0	1.25	95.7
下落①	80	90	500.0	461.5	0.92	86.7	522.2	500.0	0.96	83.6
下落②	80	90	500.0	451.7	0.90	88.5	530.2	500.0	0.94	84.8
下落③	80	100	500.0	408.3	0.82	98.0	601.0	500.0	0.83	96.2

比率も高くなっていることがわかります。これは、安いときにたくさん口数を買うだけではなくより多い金額を買っており、逆に高いときには少な目の口数を買うだけでなく投資金額も減らしていること、そして、さらに高くなれば売却もするという、バリュー平均法の手法が効果をあらわした結果だといえます。

次に、横ばいシナリオの場合、上下への変動があればバリュー平均法でもドルコスト平均法でも収益を得ることができることがわかります。つまりどちらの積立投資法の場合でも、変動があるほどにその効果が顕著にあらわれるということです。とくにバリュー平均法の場合はその効果が大きくなります。

バリュー平均法は最強の積立投資法！

ところで、ドルコスト平均法は価格の推移に関係なく一定の金額を投資できます。一方、バリュー平均法は目的とする金額を達成するために資金を投資していきます。ここからどういう違いが出るのでしょうか。

たとえば500万円の投資資金がある場合、ドルコスト平均法では上昇相場であっても

5回の買付で全額を投資できます。しかし、バリュー平均法の場合は価格が上昇するほどに買付金額が減少するので、5回目が終わった時点で上昇③のシナリオのように400万円しか買えていないということもありえます。もちろん、その場合でも目標とする金額は時価残高でみれば達成できているのですが、「もっと投資しておけばよかった」という残念な気持ちは残るかもしれません。

反対に、バリュー平均法の場合、下落相場では前倒しで買い付けることになり、価格が底入れする前に早く資金が尽きてしまう可能性があります。たとえば下落③のシナリオのように、時価残高を500万円にするためには全期間で600万円ぐらいの投資が必要になるのです。その点、ドルコスト平均法では投資金額は500万円で収まる一方、時価残高も408万円という結果に止まります。バリュー平均法の場合、一本調子の下落が長期間続くと、毎期ごとに投資しなければならない金額が増加してしまう問題が生じます。

なお、先のシナリオ設定には含まれていませんが、いずれのシナリオでも、下落、低迷が長く続いたとしても、最終的に価格が上昇をすることで積立投資は大きな効果をもたらします。これは前項のドルコスト平均法でみたとおりです。その効果の幅がバリュー平均法ではドルコスト平均法よりも大きいといえるでしょう。

そして、マーケットの上下への変動が大きいときほど、ドルコスト平均法もバリュー平均法も効果が大きいといえます。とくにバリュー平均法ではその傾向が顕著です。

これらを考えると、ドルコスト平均法は投資すべき金額を確実に一定期間内に投資をする必要があるときに向いている戦略だといえます。ドルコスト平均法も決して悪い方法ではありませんが、長期間にわたって積み立てるときに、価格の変動を考慮しつつより高いリターンを狙うためにはバリュー平均法が向いています。とくにバリュー平均法の場合、高くなりすぎたら売却をするケースも出てきますが、そこで売却資金をリザーブ口座にプールしておき、価格が低下したときにより多くの資金を投入できるように準備しておくことにより積立効果を一層高めるのです。

結論として私は積立投資の方法として、バリュー平均法は大変、優れていると思います。ただ、長期にわたって下落を続けるような場合には毎回の投資金額が増加していき、積立投資のできる限界を超える恐れがあること、そして、ほとんど手のかからないドルコスト平均法と比べて、買付回数は少なくても自分で買付（または売却）口数を計算して発注しなければならないという点で、若干手間がかかるという問題があります。

それを考慮すると、初心の方はまずドルコスト平均法で積立投資を始め、少しずつ投資に慣れ、自分で発注などもしてみたいという興味が湧いてきたら、バリュー平均法に移行して高いリターンを狙うのがよいでしょう。そのようにして売買の経験を積んでいくことは将来の「脳トレ投資」の準備運動としても非常に有益だと思います。

バリュー平均法のいろいろな使い方

バリュー平均法にはいろいろな使い方があります。ひとつは資産形成目的、もうひとつはある程度まとまった資金を一定の期間のうちに投資をするというものです。さらに、子どもの大学入学資金を一定期間で準備したいようなときにも活用できます。

資産形成目的の場合は毎月の給料の一部を積み立て投資していこうというものです。この場合、バリュー平均法にはひとつの問題点があります。それは価格の値下がりが続くと毎回の投資額が増えていくことです。よほどの高給取りの方が余裕で資産形成をしているのであれば問題はないでしょう。しかし、毎月の生活費、住宅関連の費用、子どもの養育費・教育費がかさみ、しかも将来のための資産を形成しようとするのであれば、おそらく相当の苦労をして投資資金を捻出しているのがふつうだと思います。

そのような資産形成期の方の場合、いくら「安くなったら多目に買う」といっても、生活が成り立たないのは困ります。

そのようなことがないように、新規投資額にキャップ（上限値）を設けておくことも考えられます。つまり、バリュー経路は毎回10万円ずつ増えると決めていても、価格が下落してバリュー経路を満たすために20万円を投資しなければならないというような状態です。その場合にはキャップをたとえば15万円と決めておけば安心です。ここで大切なことは自分の給料と生活費を検討して最大限、ここまでなら出せるという金額を上限としておくことです。それを必ず事前に決めておき、投資方針を書面にしておきます。

この場合、当然、5万円の積立不足が生じることになりますが、その金額は記録しておき、後日、余裕ができたときに埋め合わせるなどの工夫も必要です。

キャップを設ける場合、バリュー平均法の効果は若干、減退しますが、現実的に働きながら積立投資をするうえでは、このほうが実行しやすいでしょう。

一方、価格が大幅に上昇し、バリュー経路を超えた場合にはその超過分を売却します。その売却代金は準備金としてとっておき、後に価格が低下し、大きな新規投資が必要となったときの備えにします。確定拠出年金というロケーションのなかにバリュー平均法での買付と準備金部分の両方を持つことで、大幅上昇時に売却した資金を準備金にプールして、大幅下落したときの投資資金増加に備えることが必要です。儲かったからといってその資金を使ってしまってはあとで困るかもしれません。その点、60歳まで資金が引き出せない確定拠出年金はこの投資法を使うのに最適だと思います。

さて、もうひとつのバリュー平均法の使い方は、すでにまとまった資金がある場合です。遺産の相続などでまとまった資金を手にすることになったということもあるでしょう。あるいは宝くじが当たるのも同じことです。さらに確定拠出年金が導入されたときに受け取る年金の過去分もあるかもしれません。いちばん典型的なのはおそらく退職金でしょう。たとえば定年を迎え退職金が出た、その資金を基本ポートフォリオに移行しようというような場合です。

この場合は比較的短い期間でポートフォリオをあるべき姿にする必要があります。65歳で定年になり退職金をもらったとして、やはり2〜3年のうちにはポートフォリオを完成させたいものです。たとえば、65歳で退職し、2年間でポートフォリオを完成させたいのであれば、67歳までに安定型のポートフォリオとなるようなバリュー経路を描きその線に沿って投資をしていけばよいのです。

さらに、子どもの大学入学資金が5年後に必要というのであれば、5年後に必要資金になるようなバリュー経路を先に決めて、それに合わせてバリュー平均法を実行してくといった活用法もあります。

「バリュー経路」をどう決めたらよいか？

　また、バリュー経路を修正することも可能です。右記の例ではバリュー経路を一定の金額で増やしていきました。これはドルコスト平均法にも共通する問題ですが、一定金額をバリュー経路に上乗せしていく方式だと、資産残高が大きくなるほど追加投資のインパクトが小さくなってしまいます。そこで定率で増加するバリュー経路を導入することが望ましいのです。

　すでに述べましたが、私は人生を通じた資産運用のモデル・ケースとして20代は月2万円、30代は3万円、40代は4万円、50代は5万円、60代は6万円の積立をオススメしています。たとえば、30代の方であれば年間36万円です。毎月3万円というのが負担であれば、毎月は2万円にして、6月と12月のボーナス時に追加で6万円ずつ投資するということも考えられます。この方式は**図表5－12**のようにほぼバリュー経路の増加額を毎年2％ずつ増加していくのに等しいのです。

さらにバリュー経路を高度化することも可能です。それはバリュー経路に運用による資産の増加額を織り込むのです。たとえば、成長型ポートフォリオで年率3・75%の投資によるリターンで資産が増えていったとすると65歳には資産がほぼ3600万円になります。それをバリュー経路として積立投資をしていくのです（次ページ図表5－13）。

その場合には目標額を達成できる確率は高いでしょうが、36年の長い投資期間のうちにはバブルもあれば危機も何度もあることでしょう。その度に大幅な売却があったり、また、大幅な追加投資を要求されたりすることもあるでしょう。それをすべて着実に乗り切っていくという

図表5-12 バリュー経路の増加とモデル・ケースの年投資額（四半期ベースの金額）

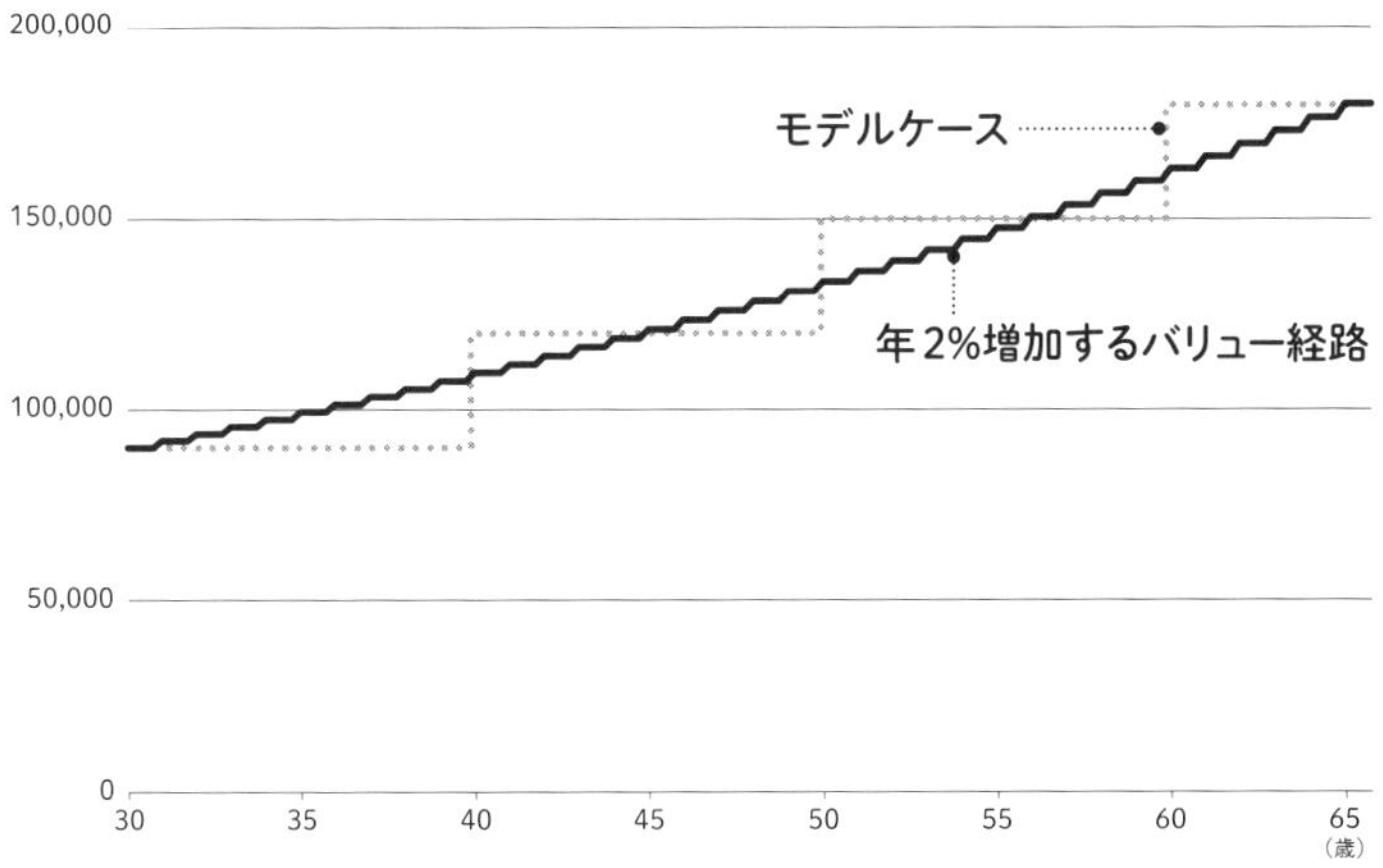

のはなかなか大変だろうと思いますが、また、その分、目標達成の可能性も高まります。

言い換えれば、価格の大きな変動を毎回の買付時の売買で吸収していくのです。その結果、毎回の取引時の売買が大きくなる可能性があります。また、売買に伴うコストもかかります。そのためにも、できるだけリスクを縮小したグローバルな株式インデックス運用を使うことがよいのです。

本書はバリュー平均法の解説書ではありませんので細かい説明はこのぐらいにして基本に話を戻しましょう。

図表 5-13 ◎ 年3.75%増加するバリュー経路

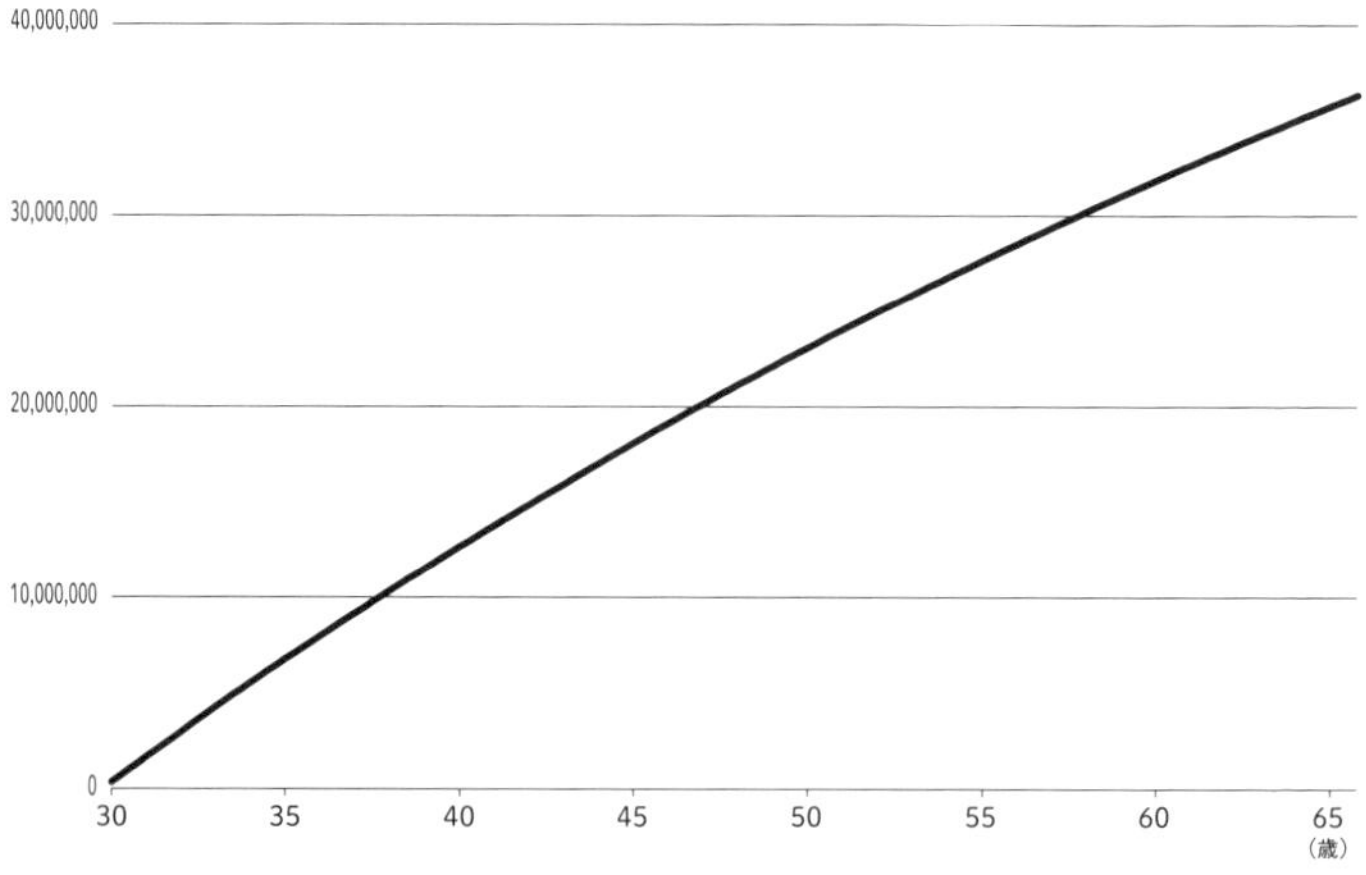

買付頻度は「四半期に1回」が適当

バリュー平均法を用いて投資する場合、買付の頻度はどのくらいがよいのでしょうか。毎月がよいのか、四半期に1回か、半年に1回か、あるいは年に1回か。

確定拠出年金の場合なら、毎月積立投資していくのがふつうですが、まず、最初は全額を預金性のものに入れて何回分かをまとめてから投資商品を購入するようにすれば、買付の頻度を調整することは可能です。また、まとまった資金、退職一時金などがある場合にも、どのような頻度で買うかは何年かけてポートフォリオをつくるかというのと同じぐらい重要です。

前述のとおり、バリュー平均法は「相場の変動を利用して収益をアップしていく投資法」です。したがって、相場の方向性がずっと同じだった場合、効果が薄まる傾向があります。バリュー平均法が効果を発揮するためには、価格がある程度の変動を繰り返していたほうがよいのです。

株式でも、株式を組み入れた投資信託でも価値があります。価値があるから「有価」証券というのです。しかし、それらの価値は価格といつも同じとは限りません。価格は需給関係や人間の心理などさまざまな要因の影響を受けています。価格は「オーバーシュート」といって、往々にして行き過ぎるケースがあります。そして、行き過ぎたマーケットは、長期的には価値の周辺に収れんしていきます。この平均的な水準に回帰する傾向を「ミーンリバージョン」といいます。

バリュー平均法の威力はこのオーバーシュートとミーンリバージョンを利用することで大きくなります。ある時期は価格が上昇していた。次の買付時期にも上昇していた。そして、その次も上昇するというよりは、上昇、下落、上昇という

図表 5-14 バリュー平均法の最適な買付タイミングは?

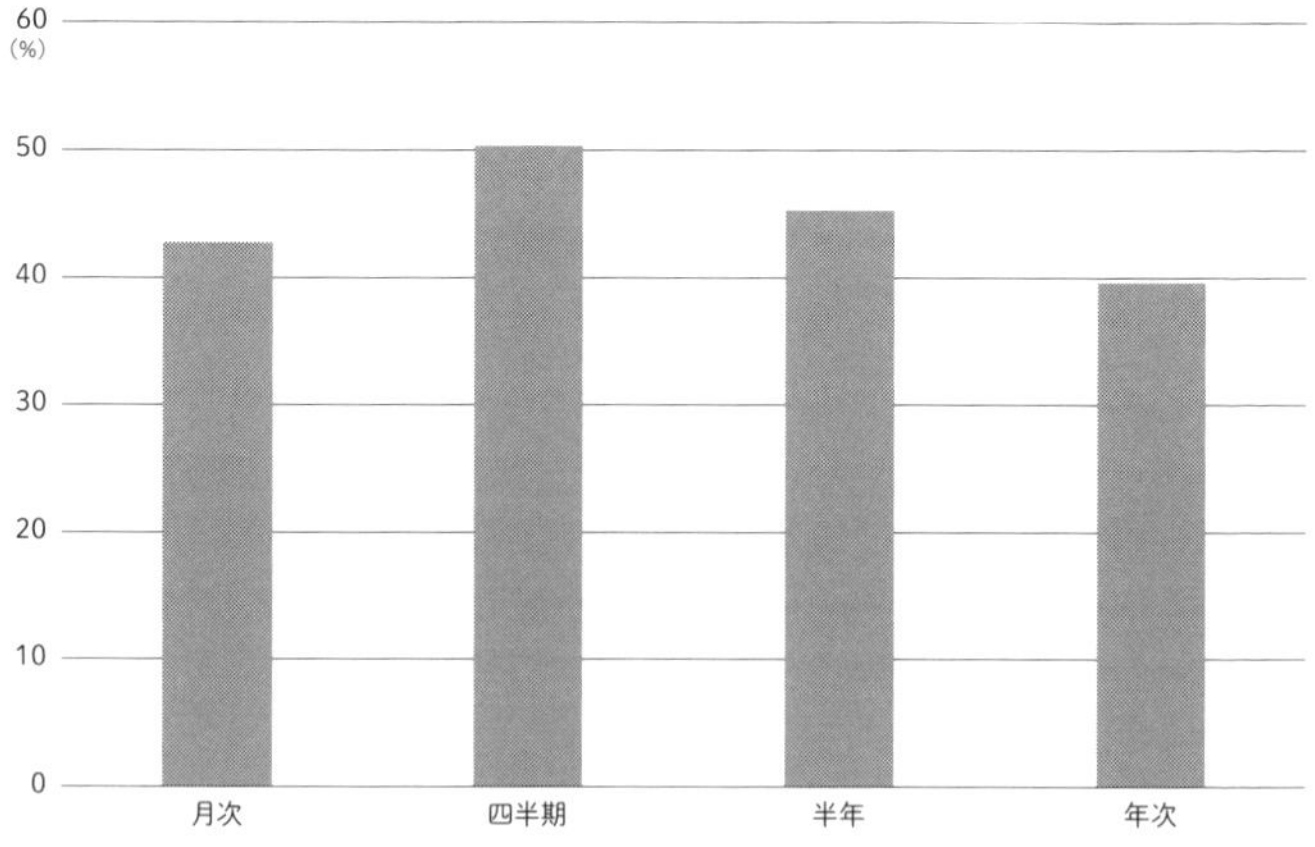

タイミングで買い付けるのが効果的なのです。

世界の株式市場の2000年以降を対象に簡単な検証をしてみました。いろいろな期間をとってみて、全期間の平均値と直前の期間でマーケットの方向性が変わる比率を調べてみたのです。結論からいうと、四半期ベースで方向性が変わる確率がいちばん高く、50%前後でした。方向が変化した場合の比率をスイッチ率として期ごとに比較したのが**図表5-14**です。それに次いで半期、月次、年次となります。バリュー平均法の考案者、エデルソン博士の米国市場の分析でもやはり四半期ベースがよいとの結論が出ています。このことから、買付頻度は、四半期に1回、ないしは半期に1回のペースが適当だと思われます。

一方、まとまった資金をバリュー平均法で投資する場合、どのくらいの期間で完了するのがよいのでしょうか。たとえば退職金の投資であれば、あまり時間をかけるのは好ましくありません。もうひとつ考慮する点はマーケットの循環です。一般的には3年から5年くらいで上昇と下降の1サイクルが完了することが多いことから、上昇または下落のどちらかの平均的な価格で買い付けることを目指すなら、2年くらいでポートフォリオを完成させるのがよいのではないかと思います。

実際の相場でバリュー平均法の威力をみる

ドルコスト平均法で使ったモルガン・スタンレー・キャピタル・インターナショナル社のＡＣＷＩ指数（オール・カントリー・ワールド・インデックス、世界の日本を含む先進国と新興国の株価指数）を円換算した数値を使って、バリュー平均法を使っていたらどんなパフォーマンスになっていたかを検証してみました。30代の月３万円投資を前提に、バリュー経路は四半期９万円ずつの増加とします。なお、売買に伴う手数料はここでは無視しています。

●試算1

最初の試算は１９８９年末から始めていたという前提です。これはマーケットが安いところから上昇したケースです。この場合は驚くことに、その後、マーケットが上昇するにつれて売却が起こり、投資金額全額の回収ができ、最終的には平均コストはゼロを割り込んでいます。ちなみに２０１３年12月時点の時価残高は８７３万円、さらに９８９万円が準備金として残っていることになります。合計して約１８６２万円です（**図表5－15**）。

●試算2

同じ前提で、今度は2006年6月のピークからスタートした場合を調べてみましょう。こちらの場合はマーケットが2009年の初めまで下落をしている過程では価格が平均単価を下回っています。その後の持合い相場でほぼトントンになり、2012年からの上昇相場で売却も交えて平均単価が大幅に低下していきました。この例からもバリュー平均法は一本調子の下げには弱いが、下げがあっても変動が続くことで貯めこみが進み、上昇局面になると大きな効果が出ることがわかります。2013年末のバリュー経路は243万円で、準備金として137万円、合計で380万円の資産ができた

図表5-15 バリュー平均法の実例①

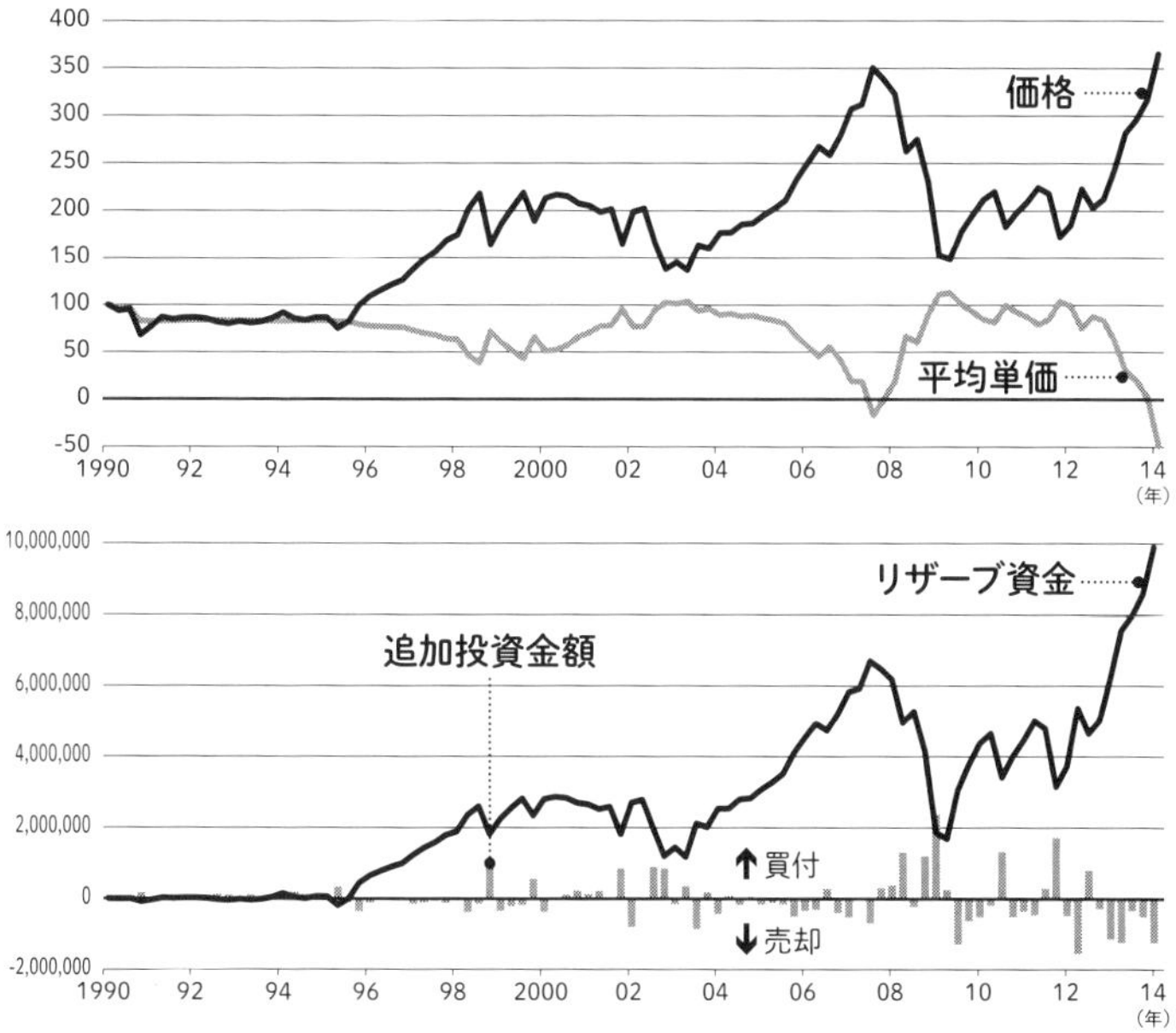

ことになります（**図表5－16**）。ちなみにこの期間の累積投資金額は売却分を含めて105万円です。

もちろん過去に起こったことが再現されるという保証はありませんが、相場変動を乗り越えてバリュー平均法を続けていれば、大きな効果が得られることがおわかりいただけると思います。

重要なのは、「投資信託が保有する企業の価値が増殖していれば、価格は実体価値にいずれ追いついていく」ということです。そのもっとも適した投資対象がグローバルな株式インデックス投信または上場投資信託なのです。

図表5-16 ◎ バリュー平均法の実例②

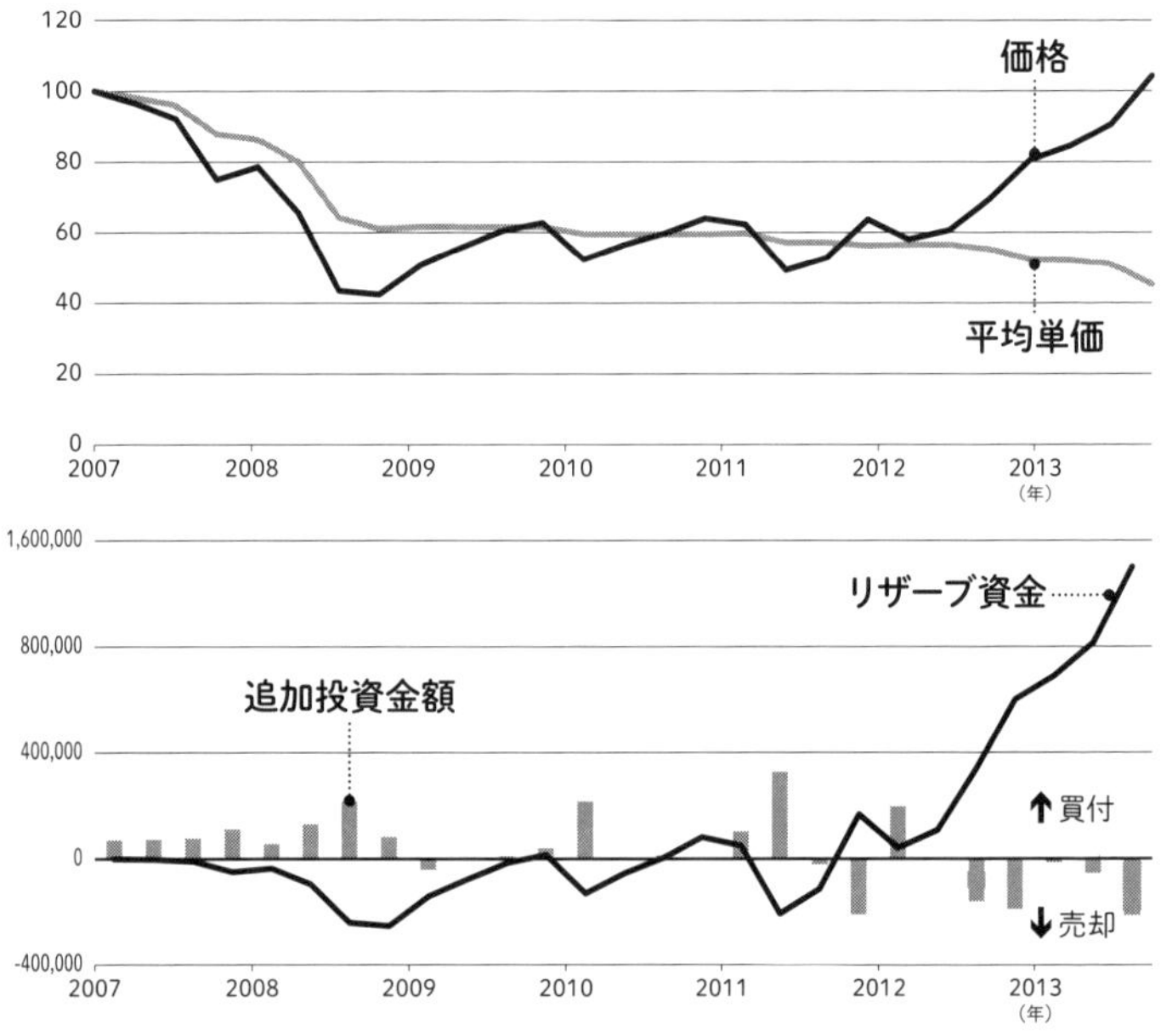

Superior Management Skill of

Defined
Contribution
Plan

第6章

「投資方針書」に沿った計画的な資産運用で着実にお金を殖やそう！

Section 6-1

資産形成には確定拠出年金をフル活用しよう

資産運用は宇宙旅行のようなもの

私は宇宙旅行と人生を通じての資産運用はとても似ていると思っています。たとえば、月への旅行を考えてみましょう。あらゆるケースを想定して月への軌道が計算され、そのミッションを果たすためのロケットが設計されます。

人生を通じての資産運用ではこの軌道に当たるのがバリュー経路です。しかし、宇宙旅行でも長旅の途中でいろいろな想定外の出来事が起こります。ロケットの一部が故障する、地球のセンターに問題が起こる、乗組員の健康が不調となるなどです。いろいろな出来事に対処しながら、最終的に目的地に近いところに着陸しようというのが宇宙旅行です。

資産運用でも長期投資の長旅の途中でバブルがあったり、危機が起こったりします。それらに対応して最終的に目的とする金額に到達できるようにする。それが資産運用です。その点で資産運用は宇宙旅行と非常に類似しています。

ここで「資産運用」という言葉をきちんと定義しておきましょう。それは「人生を通じて金融資産全体を、できるだけ安定的に、最終的に目標とする金額に到達できる可能性を常に最大化するプロセス」です。

「人生を通じて」ですから必然的に長期です。

「できるだけ安定的に」というのは目標とするリターンをできるだけ小さいリスクで得るという意味です。つまり、できるだけ資産額の変動を抑えながらということです。

そして、「最終的に目標とする金額」は、言い換えればどの程度のリターンを狙うかということです。それは前述のように「購買力の維持＋アルファ」です。

さらに、「可能性を常に最大化するプロセス」というのは、想定外の事態が起こったときに、常にその時点で目標が達成できる可能性を最大にするようにポートフォリオを管理していくということです。キーワードは「管理」です。定期的にポートフォリオをチェックしてその構成が目的と合っていることを確認する、それが資産運用のプロセスです。最初にポートフォリオを構築してそれであとは放っておけばよいのではなく、維持、管理していくことが大切なのです。

資産運用は英語ではアセット・マネジメントといいますが、まさに、マネジメント＝管理することなのです。

ポートフォリオは家をつくるように構築する

ポートフォリオを構築しそれを管理していくのは家の建築過程ととても似ています。まず敷地があり、そこに家を建てようとするなら、全体の設計図を考えます。敷地のどこに家を建てるのか、何階建てにするのか、どの方角に向けた家にするのか、リビング、キッチン、ベッドルームなどの配置を考えるでしょう。次の段階で各部屋のなかをどうするかを考えます。和室か洋室か、窓をどこにつけるか、カーペットか、フローリングか等々です。そしてそれらの大きな構図が決まったら、カーテン、ランプ、テーブル、椅子などをどうするかを考えます。そして、家が完成し、住み始めてからも定期的に問題がないかを点検しますし、必要があれば補修をします。

これはまさに資産運用のプロセスとぴったり一致します。146ページ**図表4－1**の「人生を通じた資産運用のプロセス」を再度ご覧ください。まず、投資環境を把握し、それに基づいてアセット・アロケーションを決めます。この決定にはいろいろな要素が関係しますが、そのなかでもとくに重要なのがライフステージです。前述の積極型、成長型、安定型の3つの基本ポートフォリオから選択すれば簡単です。

次にアセット・ロケーションを考えます。本書の読者には、確定拠出年金をフルに活用し、さらに補完的にNISAを使い、最後に課税口座を使うことをオススメします。

カーテンやランプなどを選ぶのはまさに投資対象の選択ということです。株式部分は全世界の株式インデックス投信、債券部分は物価連動国債を組み入れた投資信託などが有力な素材だといえます。

そして、取引執行の方法を決めます。投資にあまり習熟していない方の場合はドルコスト平均法で買い付けるのがよいと思います。そして、ある程度、慣れてきたらバリュー平均法でリターンの向上を狙うことを考えてみればよいと思います。

家でも保守・点検・そして補修が必要です。資産運用の管理はモニタリングといいます。具体的には年に3回程度のモニタリングなら無理なくできるのではないかと考えています。具体的には年末年始の休み、ゴールデン・ウィークの休み、そして夏休みです。これらの比較的長い休みの1日、1~2時間を使って現在のポートフォリオの状況をチェックします。具体的には最新の価格を使って現在の資産残高を確認すればよいのです。

バリュー平均法を使う場合は必然的に3か月に一度はバリュー経路とのチェックをすることになるので、モニタリングは年4回ということになるでしょう。

リバランスのやり方は?

家の補修に当たるのが「リバランス」という作業です。例を使って説明しましょう。たとえば成長型ポートフォリオ(株式と債券半分ずつ)で株式を100万円、債券を100万円という組み合わせでスタートしたとします。その後、株式が6割値上がりし、債券が1割値下がりしたとします。そうすると時価で見たポートフォリオの構成は株式160万円、債券90万円でその配分比率は64%対36%です。これは成長型ポートフォリオからかなり大きなかい離ですから、リバランスをすることにします。現在の資産総額が250万円ですから、その構成比を50%対50%に戻すのです。そのためには株式と債券、それぞれの保有額を株式125万円、債券125万円とする必要があります。そこで現在160万円の株式のうち35万円分を売却し、その資金で債券を買い付けます。このようにすればポートフォリオが再び基本ポートフォリオに戻ることになります。これがリバランスです。

現実には、ドルコスト平均法で積立投資をしている方の場合、多くなり過ぎたほうの積立額を減らし、少ないほうを増やすということでよいと思います。そうすれば時間は少しかかりますがポートフォリオを無理なく軌道に戻すことができます。

リバランスは高くなった部分を売却し、安くなった部分を買う操作です。バリュー平均法の場合は、バリュー経路を超えた部分を売却し、安くなったらバリュー経路に戻るように増額をして投資をします。ですからバリュー平均法は、リバランス機能も果たしているといえるでしょう。リバランスは、高くなったら売る、安くなったら買うという当たり前の成功法をフォーミュラ化したものだともいえるのです。

「投資方針書」を書いてみよう

人生を通じての資産運用で、ぜひおすすめしたいのが投資方針書を書くということです。ほとんどの方はこれをしません。しかし、よほど信念のしっかりした方でないと、最初に自分で決めた投資方針が揺らいだり、あるいはそれを忘れたりしてしまうものです。ある意味、これはいまの自分と将来の自分の約束事を書面にする作業でもあるのです。決して複雑なものである必要はありません。

次に40歳代後半までの投資方針書をサンプルとして書いておくので参考にしてみてください。当然、それぞれの方によって考え方も環境も異なりますから、このとおりである必要はありません。しかし、始めたときの考えをきちんと書面にしておくことはとても大切なので、成功の秘訣であるといってもよいと思います。

●40歳代後半までの投資方針書の例

２０XX年X月XX日
投資方針の概要

Ⅰ　目的

金融資産を活用し、品格ある資産家として豊かで幸せな人生を送ることを目的とする。そのために人生を通じての資産運用を○×年○月×日より実行する。人生を通じての資産運用は「人生を通じて金融資産全体を、できるだけ安定的に、最終的に目標とする金額に到達できる可能性を常に最大化するプロセス」と定義する。

II　運用目標

全金融資産の購買力を維持することを第一義的な目標とし、そのうえで若干のプラス・アルファを狙う。

III　投資環境と投資方針

投資環境については世界経済全体の成長は長期にわたって基調として続くと考える。そのなかでマイルドなインフレ圧力が継続するが、ハイパー・インフレーションが起こる可能性は少ない。

金融市場については今後、数年にわたって世界的な過剰流動性の収縮と、世界景気の拡大との綱引き的な相場展開が続き、株価は変動幅の大きい展開が繰り返されるであろう。

投資方針については購買力を維持するために、われわれの生活を支えてくれる全世界の主要企業の株式を幅広く保有する。これは生産設備を保有することにより物価上昇に対する備えとするためである。同時に世界経済全体の成長により世界の主要企業の株主価値が増大することを想定し物価上昇を上回るプラス・アルファのリターンも狙う。また、債券部分は物価連動国債ファンドとし、購買力の維持を図る。

Ⅳ　基本ポートフォリオのアセット・アロケーション

40代の終わりまでは積極型のポートフォリオとする。積極型は株式部分を全体の80％、債券部分を全体の20％を基準とする。

Ⅴ　アセット・ロケーション

資産運用の中核となるロケーションは確定拠出年金とする。確定拠出年金の補完的役割としてNISAも活用する。課税口座の利用は最小限にとどめ、できるだけ期待リターンの少ないもののロケーションとする。

Ⅵ　銘柄選択

株式については3つの投資信託で構成する。

●日本株式インデックスファンド……………10％
●日本以外の先進国株式インデックスファンド……80％
●新興国株式インデックスファンド……………10％

投資信託の選定に当たってはコストを比較し、同じ投資対象、投資戦略のものについてはできるだけ低コストのものを選ぶ。また、信託期限が無期限であるものを選択する。

債券については物価連動国債を組み入れた投資信託を保有する。なお、物価連動国債は2015年より個人が買い付けることができるようになる見通しである。買付けが金融機関経由となる模様で完全なインフレ・ヘッジとはならない可能性があるものの、今後の改善状況は注目を要する。

Ⅶ　売買執行方針

積立投資により買付時期の時間分散を図る。投資にある程度、習熟するまではドルコスト平均法とし、その後、バリュー平均法に移行し収益のアップを狙う。ドルコスト平均法では毎月、定時定額の投資を行なう。バリュー平均法ではバリュー経路を設定し、その金額になるように資金を投じてゆく。売買の頻度は四半期ごととする。また、バリュー平均法用のリザーブ口座を確定拠出年金のロケーション内に設けておく。積立金額は30代は年36万円、40代は年48万円とする。

Ⅷ　モニタリング

モニタリングの際は、資産額の推移、ポートフォリオの構成比、資産クラスごとのパフォーマンスなどをチェックする。モニタリングはドルコスト平均法の場合は、年末年始休暇、ゴールデン・ウィーク休暇、夏季休暇の年3回とする。バリュー平均法に移行したのちは四半期ごとにモニタリングを行ない、バリュー経路との比較により投資額を決定してゆく。

Ⅸ　リバランス

株式、債券、いずれかの比率が基本ポートフォリオの配分比率から大きくかい離した場合は、リバランスをして資産配分の調整を行なう。具体的には積極型の株式比率（80％）が1年間（3モニタリング期間）を通じて90％を超えた場合には株式への積立額を減額し、債券の積立を増加する。また、株式比率が60％を同期間を通じて下回った際は株式の積立額を増やし債券の積立を減らす。

X　**投資方針の変更**

市場の環境および個人的環境に大幅な変化があった場合には投資方針を点検する。「大幅な変化」とは全金融資産の2割以上に影響を与えるような出来事があった場合とする。投資方針の変更は書面に記録として残す。

50歳を超えたら50代前半の数年間をかけて徐々に株式の比率を下げ、債券の比率を高めるようにします。そして50代半ばには成長型ポートフォリオとし、株式と債券の比率をほぼ半々とします。

60代後半にはさらに株式比率を下げて安定型に移行します。70代前半には株式の比率を2割程度まで低下させます。このころには多くの方は資産活用期にすでに移行されていることでしょう。

60代後半からは若干の資金をプールして、次に述べる「脳トレ投資」を実践してみるのもよいと思います。脳トレ投資は資産を殖やす目的ではなく、知的刺激というリターンを得るためのものです。金額は本当に少なくても構いません。

Section 6-2

なぜ人生を通じて資産運用が必要なのか

定年とリタイアメントの違い

アメリカではよく「ハッピー・リタイアメント」という言葉が使われます。なぜ、リタイアメントがハッピーなのかというと、仕事を辞めても生活ができるぐらい経済基盤ができてリタイアするからです。一般に定年という制度がないアメリカなどでは、いつ、仕事を辞めるかはあくまで個人が決めることです。

日本の場合はちょっと事情が違います。定年はまさに「年が定まって」いるので一定の年齢になったら本人の意向と関係なく基本的には退職することになります。しかし、本人の事情と関係なく仕事がなくなり、収入もなくなるというのはなかなか厳しい現実です。

とくに国も会社も個人を支えるだけの余裕がなくなってきている今日、これはとても深刻な問題です。

ありがたいことに労働市場もだいぶ弾力化し、流動性が高まってきています。私は、本当の意味で働くのを止める「リタイアメント」と終身雇用を前提に仕事をしてきた会社を離れる「定年」とのあいだにかなりの「ポスト定年、プレ・リタイアメント」の時期があってよいだろうと考えています。もらえる報酬はおこづかい程度でもよいのです。少しでも収入があることによって退職後の資金には大きな支えになるものです。

「ポスト定年、プレ・リタイアメント」期における仕事は生活費を稼ぐという目的ではなく、社会とのつながりを保ちつつ、自分がこれまで培ってきた技術やノウハウを活用しつつ、少しだけ生活費の足しになる資金を得るというものです。その時期を経て本格的な「遊びの時代」にスムーズに入れるようにするのが目的です。同時に残る人生でどのように世の中の役に立っていくかを考えるための時期なのです。

人生における3つのステージ

先ほど「遊びの時代」と書きましたが、ここで人生100年を俯瞰してみましょう。人生は大きく3分の1ずつの3つのステージに分かれます。具体的には「学びの時代」「働きの時代」「遊びの時代」です。

「学びの時代」は、人的資産を形成する過程といってよいでしょう。そして、この時期は誰もが人を頼りにして学びます。たとえば幼少期であれば全面的に親に依存していますし、小学校、中学校、高校、大学は親に加えて、勉強を教えてくれる学校や塾の先生に頼ることになります。さらに就職してからも、最初のうちは自分の力だけで稼ぐことができないので、基本的に先輩社員や上司に依存することになります。

親、先生、先輩社員、上司というように、いろいろな人からの支援を受け、人は自分の人的資産を形成していきます。まさに学びの時代といってよいでしょう。人によって違いはあると思いますが、生まれてから30代の初めぐらいまでがこの学びの時代です。

そして、ある程度、人的資産が形成されたところで、その人的資産を活用して「働きの時代」を迎えます。これは30代初めから60代の前半ぐらいまでです。

働きの時代は、自分が稼いで大勢の人を養う立場になります。自分が社会人になりたてだったときがそうであったように、自分の後輩を指導し、かつ自分の働きで後輩の給料分も稼がなければなりません。あるいは結婚して子どもがいれば、家族の生活費、子どもの養育費と教育費なども稼ぐ必要があります。住宅資金も必要でしょう。そして、自分自身や配偶者の老後資金もつくっていかなければなりません。この時期の特徴は学びの時代に形成した人的資産を金融資産に変換していくことです。つまり人的資産活用期であり、金融資産形成期なのです。

そしてその次にくるのが「遊びの時代」ということです。

「遊びの時代」の資産運用の3つのポイント

このようにして60代の中ごろから徐々に「遊びの時代」に入ります。

「遊び」といっても家でゴロゴロしましょうといっているのではありません。観音経に「観世音菩薩は、いかにしてこの娑婆世界に遊ぶや。いかにして衆生のために法を説くや」という言葉があります。本来の「遊び」は何もしないでボーっとしているのでもなければ、銀座で豪遊するのでもない。修行をしながら人々をよい方向に導くために諸国を歩くということです。次の世代、次の次の世代の人々に自分の人生体験を語り、そこから若い世代が人的資産を高めることができるようにしてあげる。まさに、「遊び」は観音様の遊化（ゆけ）なのです。

「遊びの時代は生き様の形成」をするときです。人生の先達として、若い人たちに自分たちの生き様を見せて、カッコいいと思ってもらえるような人間になることを目指すのです。たとえば、自分が社会にとってよいと思われる、そして心底応援したい企業に投資することを通じて、その行動が世の中のためになれば、それもカッコいい生き方のひとつになります。

遊びの時代の資産運用には、3つのポイントがあります。

第一のポイントは、資産運用を継続しつつ、資産を活用することです。退職したといっても残りの人生は長くあります。リスクを取りすぎないようにしつつ、時間を味方につければ資金を殖やしながら使うことも可能です。多くの方が退職したらお金はつかうだけと思っているのです。しかし、殖やしながらつかうのと、ただ、つかうのでは非常に大きな差が生まれます。

第二のポイントは、残りの人生で予定される大きな支出を準備することです。たとえば住宅のバリア・フリー化、子どもの結婚資金、介護施設を利用するための資金などがあげられるでしょう。それらは日々の生活を支えるための資金とは別枠として管理しなければなりません。必要度が高く、しかも、資金をつかう時期が近いほど、リスクの低い安全な運用が必要です。

第三のポイントは、これまでの社会人経験を活かして「脳トレ投資」をするということです。高齢になるとどうしても社会と切り離されてしまい、知的な刺激が減少する恐れがあります。その結果、最悪の場合、認知症などになる可能性もないとはいえません。高齢になるほど、活発に脳を働かせる必要があります。

その点で投資は最高のツールです。投資を行なうことは社会とのつながりを保つことでもあります。しかも、高齢の方はこれまでの社会人生活で、さまざまな経験を積んでいるのです。資金額は少なくても結構です。ただ、数銘柄は保有できる程度は必要でしょう。極端にいえば1株ずつ5銘柄程度でもいいのです。ただし、保有銘柄は、全滅にならないように、できるだけ業種やテーマが異なるものにしておくべきです。期待するリターンは脳に知的刺激を与えることです。少々、損が出てもそれで脳が刺激されていれば「元は取っている」ぐらいの気持ちで臨むことです。

Section 6-3

投資することは一生続けられる「脳トレ」だ

脳トレ投資の4つの注意点

「脳トレ投資」を実際に行なう場合、どのような点に留意する必要があるのでしょうか。

第一に、生活のための資金とは完全に区別することです。あくまでも投資ですから、短期でみれば元本を割り込むこともあります。私は脳への刺激という点で個別企業の株式投資がよいのではないかと思います。

大切なのは生活を支えるための資金とは完全に分別し、脳トレ投資の資金が大幅に減ったとしても生活が安泰であるようにしておくことです。

これを生活資金で行なっていると、損失が生じたときに、それが過度のプレッシャーになる恐れがあります。このような状況に追い込まれて下した判断が正しいことはほとんどありません。博打に手を出したり、極度に投機色の強い商品につられてしまったり、また、消費者金融などから高利のローンを借りたりすることになると最悪です。

第二に、儲かった資金はつかわずに、できるだけ脳トレ投資用の資金の余剰分として取っておくようにすることです。儲かるとすぐにつかってしまう人がいますが、働いていない人は、公的年金以外にキャッシュフローが得られないのですから、投資で儲かったからといって遊興費につかうようなことは避けなければなりません。そのようなことにお金をつかうのではなく、さらなる脳トレ投資をするための軍資金にするのです。投資資金に余裕があれば、値下がりしたところで買い足すこともできますし、新たに有望な投資対象が出てきたとき、それに資金を投入することもできます。それでも何か、ごほうびが欲しいというのであれば、1年間で受け取った配当金だけを好きなことにつかうというようなルールを決めておいてはいかがでしょうか。

第三に、損失が生じたとしても、生活資金で補わないことです。これは第一のポイントでも説明しましたが、生活資金はあくまでも生活資金であり、脳トレ投資のためのお金ではないということを、肝に銘じてください。どうしても追加で資金が必要な場合は、生活資金から捻出するのではなく、第二のポイントでも触れたように、過去の運用で生じた利益をプールしてあるところから捻出するようにしましょう。

そして第四は、現物投資に徹するということです。信用取引やＦＸなどレバレッジを利かせた取引は避けるべきです。これらは一口にいえば借金で投機をしているようなものです。うまくいけば儲けは大きくなりますが、失敗すれば投資元本以上の資金を失うこともあります。あくまで目的は脳トレです。脳トレのためには現物証券への投資がいちばん適しています。

脳トレ投資で世の中とつながることができる

脳トレ投資の最大の意義は、まず世の中とのつながりを保つことができる点にあります。定年を迎えると、多くの人は社会とのつながりを保てなくなるケースが多いようです。なかには自宅に引きこもって、テレビばかりを見ている人もいるでしょう。それでは、自分自身がどんどん社会から取り残されてしまいます。

しかし、脳トレ投資をすれば、投資を通じて社会との接点を築くことができます。個別企業への投資であれば、株主総会や会社説明会が定期的に開催されますから、それらに出席することによって、社会とのつながりを保てます。最近の企業は、個人投資家を増やしたいという考え方が強いため、個人株主として株主総会に出席すると、いろいろと歓迎されるケースも多いようです。また、株主総会以外でも、決算期になると企業は自社の事業内容、それらの現状などについて、株主や投資家に説明する会社説明会を開催していますから、これに出席してもよいでしょう。

そして、投資した企業から配当金を受け取ったら、自筆で経営者に手紙を書いてもよいと思います。経営者も、個人投資家からの声を待っていますし、実際、個人投資家からの意見を反映して、株主優待を見直した企業もあります。

私が主宰している「クラブ・インベストライフ」ではこれを実践している方が何人もいらっしゃいます。「私は御社の〇〇の点が大好きで小さな投資家になっています。どうぞ、われわれのためによい世の中つくりに貢献してください。このたびは配当金をありがとうございました」という程度で十分です。

それに対して会社はいろいろな反応をしています。社長直筆で返事がくる会社、「社員全員にメッセージを聞かせました」という会社、また、梨のつぶての会社、なかには苦情処理係に回される会社——こういう対応ひとつをみても、その会社の株主に対する姿勢がわかるというものです。

大事なことは、自分が自信をもって応援できる企業に投資することです。

企業は株主によって育てられていきます。あなたが株主になった企業は設備投資や研究開発を行ない、より社会の役に立てるビジネスを築いていくのです。したがって、株主の行動は、よりよい社会を築いていくための一助であるといってもよいでしょう。つまり、あなたのお金で買った企業の資産が活用され、社会にとっても付加価値が生み出されていくのです。

脳トレ投資は、よりよい社会を築くための一手段でもあるのです。自分のためにもなり、かつ社会の役にも立つ。投資とは本来、そういう素晴らしいものなのです。そして、みなさんが、一歩を踏み出す勇気を持って、ほんの少しの資金を投資に回すことが、よりよい社会づくりに役立つのです。

投資することで「よい世の中づくり」に貢献できる

日本人の多くは「投資」に対して、どこか後ろめたいイメージを常に抱いているようです。新聞を開けばお金にまつわる暗いニュースが満載です。テレビではお金にまつわる不祥事でお詫び会見が報道され、逮捕されていく姿が映されています。

これらがお金のイメージを悪くしています。しかし、それは間違いです。世の中のほとんどの人は毎日、額に汗をして働き、生活費を稼いでいるのです。そして将来の生活をどうするか、不安に思っているのです。この本はそんな方のお役に立ちたいと思い書いています。

お金のなかでも投資はとくに誤解されがちです。それは、すでに述べたように多くの人が投資と投機を勘違いしているからです。競馬、競輪、パチンコなどと同じだという思い込みが多くの方にあります。しかし、証券市場は経済にとって長期安定資金調達の場として必要不可欠のものですし、個人が保有する資金は、本人が知らなくともいろいろな形で株式投資に向かっており、それによって企業活動は支えられているのです。

「株をやる」とはいいますが「預金をやる」とはいわず、「預金をする」といいます。この「やる」と「する」の違いに微妙な世間の認識の違いが現れているように思います。金融には、「間接金融」と「直接金融」の2種類があります。間接金融は、銀行などの金融機関が、金融仲介機能を担い、金融機関がリスクを取ったうえで、集めたお金の運用先を決定してくれる金融形態です。銀行預金はまさにそれで、銀行に集まったお金の融資先は、あくまでも銀行が決定します。当然、融資先のなかには貸倒れになる企業などもありますが、そのリスクは銀行が背負っています。預金者に対して返済される元本や利息が、そのときの状況に応じて減額されることは、まずありません。

これに対して株式投資や債券投資など直接金融は、投資家が自分の判断で投資先の企業を選び、資金を投じるものです。

株式投資をする場合、どの企業の株式に投資するかは、当然、投資家が決めます。そして、企業の業績が悪化して株価が下がることもあるため、その損失はすべて投資家の自己責任になります。しかし、その代わり長期的に期待できるリターンも、銀行預金に比べて高くなります。

銀行預金は、確かに元本を割り込むリスクはありませんが、それは銀行がそのリスクを背負っているからであり、実際に融資によって得られるリターンのなかから、銀行は貸倒れなどのリスクに備えて、高い保証料を取っています。その保証料を負担するのは預金者なので、銀行預金はどうしても利率を低めに設定せざるをえなくなります。

債券投資でも発行企業を選ぶのは投資家自身です。債券投資家は事前に決められた金利を受け取り、決められた日に元本が償還されます。要するに約束したキャッシュフローをもらえるのが債券です。しかし、市場での金利が変動すれば債券の価格が下落することはありますし、最悪、発行企業が倒産すれば投資資金が戻らないこともあります。これも自己責任なのです。

株式投資にしろ、債券投資にしろ、直接金融の場合、間接金融とは違って、自分で投資先を選べるというメリットがあります。そして、その結果も自己責任なのです。それだけに企業を選ぶ目を持つ必要はありますが、自分が応援したいという企業、社会の役に立っていると思われる企業に投資し、その企業の行動を通じて、よい世の中を築くのに貢献できるのです。さらに、インデックスファンドで世界中の企業に投資をすれば、われわれの生活を支えてくれるすべての産業・企業を、感謝を込めて応援することになります。それが、投資の最大の魅力です。こう考えれば、投資とは決して後ろめたいものではありません。むしろ世の中を

図表 6-1 ● 無理なく資産運用を始めるための5つのステップ

Step 1	確定拠出年金の現状を把握する、あるいは個人型確定拠出年金口座を開設する
Step 2	確定拠出年金の残高のうち1割程度でグローバルな株式インデックスファンドを買ってみる
Step 3	年齢に応じた基本ポートフォリオを選び、ドルコスト平均法で積み立てる
Step 4	確定拠出年金の枠がいっぱいになってきたらNISA口座を開設し、NISAを補完的に使う。必要に応じて課税口座も開設する
Step 5	ドルコスト平均法からバリュー平均法へ移行する

少しでもよくしていこうと思ったら、投資を通じて企業に流れる資金を増やすことが大切、といってもよいくらいです。

また、結果は自己責任という点についても、人生を考えるうえで非常に重要な教訓を与えてくれます。所詮、人生をどう生きるかは自分しか決められないし、その結果が降りかかってくるのも自分です。人任せの人生でもいけないし、人任せだけの資産運用でもいけない。やはり、人生も資産運用も最終的には「自分任せ」しかないのです。それゆえに資産運用の経験は人生の生き方を学ぶうえでも有益なものなのです。初心者の方のために「無理なく資産運用を始めるための5つのステップ（前㌻**図表6－1**）」をまとめておきます。

きちんとリスクをコントロールしたポートフォリオで資産を長期間、運用すれば、安定的に物価上昇＋アルファ程度のリターンは獲得できるものです。そのうえ、自分の判断で投資先を選ぶことによって、それがよりよい世の中をつくる原動力にもなります。そのための器として「確定拠出年金」ほど最適なツールはないと私は考えています。確定拠出年金制度をフルに活用して、豊かで幸せな人生を築いていただきたいと願ってやみません。

岡本和久（おかもと かずひさ）
米国コロンビア大学留学後、1971年、慶應義塾大学経済学部卒、日興證券入社。1992年に退職、バークレイズ・グローバル・インベスターズ（現ブラックロック・グローバル・インベスターズ）日本法人を設立、2005年まで13年間代表取締役社長として年金運用業務に携わる。2005年、同社が年金運用資産額で投資顧問業界トップになったのを機に退職、同年5月、投資教育会社、I-Oウェルス・アドバイザーズを設立。現在はセミナー、執筆、出張授業等で活躍中。『100歳までの長期投資＊コア・サテライト戦略のすすめ』『資産アップトレーニング』（ともに日本経済新聞出版社）など著書多数。

自分《じぶん》でやさしく殖《ふ》やせる
「確定拠出年金《かくていきょしゅつねんきん》」最良《さいりょう》の運用術《うんようじゅつ》

2014年6月1日　初版発行
2014年12月20日　第2刷発行

著　者　岡本和久
©K.Okamoto 2014
発行者　吉田啓二

発行所　株式会社日本実業出版社　東京都文京区本郷3-2-12 〒113-0033
大阪市北区西天満6-8-1 〒530-0047
編集部 ☎03-3814-5651
営業部 ☎03-3814-5161　振　替　00170-1-25349
http://www.njg.co.jp/

印刷／厚徳社　製本／共栄社

この本の内容についてのお問合せは、書面かFAX（03-3818-2723）にてお願い致します。
落丁・乱丁本は、送料小社負担にて、お取り替え致します。

ISBN 978-4-534-05188-2 Printed in JAPAN

日本実業出版社の本

定価変更の場合はご了承ください。

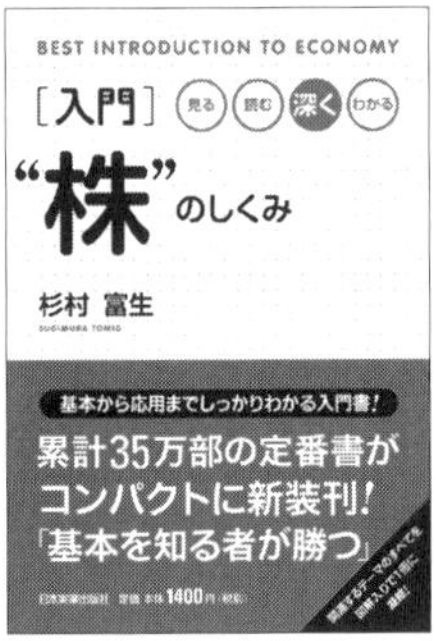

見る・読む・深く・わかる

入門 “株”のしくみ

杉村富生
定価 本体1400円(税別)

株の基本から投資法、古より伝わる格言まで、豊富な図解とわかりやすい解説によって網羅した入門書のスタンダード。すべての株式投資家の座右に必携の一冊。

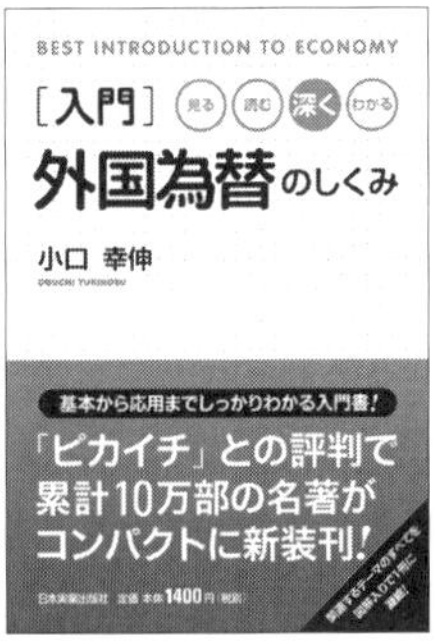

見る・読む・深く・わかる

入門 外国為替のしくみ

小口幸伸
定価 本体1400円(税別)

為替相場やインターバンク市場のしくみから、取引の実際、代表的な通貨の特徴、デリバティブ取引、為替レートの予測まで、知っておきたい基本知識を図解でやさしく解説!

見る・読む・深く・わかる

入門 金融のしくみ

田渕直也
定価 本体1400円(税別)

「深く・わかる」というコンセプトの下、金融のイロハから応用の入り口まで、必要なテーマについて体系的に整理。ポイントを押さえた図版とわかりやすい解説で、スラスラ読めて理解できる定番入門書!